Das Gesetz,

betreffend die

Vertheilung der öffentlichen Lasten bei Grundstückstheilungen und die Gründung neuer Ansiedelungen in den Provinzen Preußen, Brandenburg, Pommern, Posen, Schlesien, Sachsen und Westfalen

vom 25. August 1876.

Aus den Materialien und der Rechtsprechung des Königlichen Oberverwaltungsgerichts erläutert

von

B. von Kamptz,
Verwaltungsgerichtsdirector.

Berlin.
J. Guttentag, Verlagsbuchhandlung.
1893.

Vorwort.

Das nachstehende kleine Werk enthält außer dem Texte des Ansiedelungsgesetzes vom 25. August 1876 und der zu demselben erlassenen Ausführungsinstruction vom 10. März 1877 eine Einleitung und eine Reihe von Erläuterungen, welche der Hauptsache nach auf den Motiven zur Regierungsvorlage und auf der Rechtsprechung des Königlichen Oberverwaltungsgerichts beruhen. Auch haben die wesentlichen Abweichungen der für die Provinzen Hannover, Schleswig-Holstein und Hessen-Nassau ergangenen Gesetze vom 4. Juli 1887, 13. Juni 1888 und 11. Juni 1891 bei den betreffenden Paragraphen Berücksichtigung gefunden.

Möchte die vorliegende Schrift denjenigen Beamten, welche mit der Anwendung der genannten Gesetze befaßt werden, von einigem Nutzen sein können.

Der Verfasser.

Abkürzungen.

A.H. = Abgeordnetenhaus.
Entsch. Entscheidungen des Königlichen Oberverwaltungsgerichts.
Erk. = Erkenntniß.
H.H. = Herrenhaus.
M.Bl. = Ministerialblatt für die gesammte innere Verwaltung.
M.E. = Ministerialerlaß.
O.V.G. Oberverwaltungsgericht.
Pr.V.Bl. Preußisches Verwaltungsblatt.
Verh. Verhandlungen.

Druckfehler.

Seite 2 dritte Zeile von unten „sollten“ statt „sollte“.

Seite 5 Zeile 13 von oben „auch dem Gemeinde-“ statt „aus“.

Seite 9 Zeile 4 „ordneten“ statt „ordnete“.

Seite 48 Zeile 1 fehlt hinter dem Worte „auf“ das Wort „die“ (auf die Beschwerde).

Seite 58 Zeile 17 von unten „aus der“ statt „aus dem“ (Kirchen-, Pfarr- ꝛc.)

I.

Einleitung.

Während in denjenigen Gebieten des Preußischen Staates, welche ursprünglich von Fränkischen Stämmen bewohnt wurden, in der Rheinprovinz und in einigen Districten der Provinz Westfalen, abgesehen von einzelnen Gütern, verfassungsmäßige Einschränkungen der Theilbarkeit des Grundeigenthums niemals bestanden haben, bildete in den meisten übrigen Landestheilen Preußens die Theils in den politischen Vorrechten und Verbindlichkeiten des Grundbesitzes, Theils in der Besteuerung und den gutsherrlichen Berechtigungen beruhende Geschlossenheit und Untheilbarkeit der verschiedensten Arten von Gütern noch zu Anfang dieses Jahrhunderts eine allgemein geltende Norm der Landesverfassung (vgl. z. B. A. L. R. II 7 §§. 14, 16; II 8 §§. 78, 80, 81, 85; II 9 §§ 73—75). Erst in der Verjüngungsperiode, welche auf die unglücklichen Jahre 1806 und 1807 folgte, brach sich die Meinung Bahn, daß der niedergeworfene Staat nur durch Entfesselung des Verkehrs und aller im Volke vorhandener Kräfte wieder aufgerichtet werden könne.

Das von diesem Gedanken ausgehende Edict vom 9. October 1807, betreffend den erleichterten Besitz und den freien Gebrauch des Grundeigenthums, sowie die persönlichen Verhältnisse der Landbewohner (Ges.=S. S. 170), bestimmte deshalb unter §. 4:

„Die Besitzer an sich veräußerlicher städtischer und ländlicher Grundstücke und Güter aller Art sind nach erfolgter

Anzeige bei der Landespolizeibehörde unter Vorbehalt der Rechte der Realgläubiger und der Vorkaufs-Berechtigten zur Trennung der Radikalien und Pertinenzien, sowie überhaupt zur theilweisen Veräußerung, also auch die Miteigenthümer zur Theilung derselben unter sich berechtigt."

Ebenso verordnete der §. 1 des Edicts vom 14. September 1811 wegen Beförderung der Landeskultur (Ges.-S. S. 300), daß jeder Eigenthümer sein Gut oder seinen Hof durch Ankauf oder Verkauf oder sonst auf rechtliche Weise willkürlich vergrößern oder verkleinern könne. Ueber die Vortheile, welche man sich von der Theilbarkeit des Grundbesitzes für die Landeskultur versprach, läßt sich das Edict (§. 1) folgendermaßen aus:

„Aus der Vereinzelung entspringt noch ein anderer sehr beachtenswerther Vortheil, der Unserm landesväterlichem Herzen besonders angenehm ist. Sie giebt nämlich den sogenannten kleinen Leuten, den Käthnern, Gärtnern, Büdnern, Häuslern und Tagelöhnern Gelegenheit, ein Eigenthum zu erwerben und solches nach und nach zu vermehren. Die Aussicht hierauf wird diese zahlreiche und nützliche Klasse Unserer Unterthanen fleißig, ordentlich und sparsam machen, weil sie nur dadurch die Mittel zum Landankauf erhalten können.

Viele von ihnen werden sich emporarbeiten und dahin gelangen, sich durch ansehnlichen Landbesitz und Industrie auszuzeichnen. Der Staat erhält also eine neue schätzbare Klasse fleißiger Eigenthümer, und durch das Streben solches zu werden, gewinnt der Ackerbau mehr Hände, und durch die vorhandenen in Folge der freiwilligen größeren Anstrengung mehr Arbeit als bisher."

Die auf den Grundstücken ruhenden Staatsabgaben und Lasten sollten niemals ein Hinderniß der Vereinzelung sein; die Grundsteuer, deren Regulirung nach der Ansicht des Edicts allein eine Schwierigkeit bot, sollten bei Parzellirungen auf die abzutrennenden Theile verhältnißmäßig repartirt werden (§. 3 a. a. O.). Nähere Vorschriften über die Vertheilung der Lasten und über das bei derselben zu beobachtende Verfahren enthielten die genannten Gesetze nicht; das an sämmtliche Schlesische Landes-Kollegien erlassene Circular-Rescript der Ministerien des Innern und der Justiz vom 15. März 1809 (vgl. die Landes-Kultur-Gesetzgebung des Preußischen Staates von Lette und von Rönne, Berlin 1853, erster Band S. 35 ff.) erklärte vielmehr die früher vorgeschriebene weitläufige kommissarische Verhandlung für entbehrlich und stellte es den Behörden anheim, „wie sie auf die einfachste Weise das den Regierungen obliegende polizeiliche Interesse in jedem besonderen Falle wahrnehmen zu können, vermeinten."

Bei den Regierungen machte sich jedoch bald das Bedürfniß nach allgemeinen Instructionen fühlbar, welche von ihnen selbst für die einzelnen Bezirke erlassen wurden und übereinstimmend die Vertheilung der öffentlichen Lasten und die Aufstellung von Vertheilungsplänen den Landräthen übertrugen. Im Uebrigen wichen diese Anweisungen namentlich insofern von einander ab, als einige die Vertheilung der Kommunal-, Sozietäts-, Kirchen- und Schullasten zunächst den betheiligten Privatpersonen und Verbänden überließen, andere dagegen die Vertheilung sämmtlicher öffentlicher Lasten als Aufgabe der Staatsbehörden ansahen. Die Gründung neuer Ansiedelungen blieb lediglich der durch das Edict vom 9. October 1807 angeordneten polizeilichen Anzeigepflicht unterworfen, welche jedoch — wie das Rescript und Publikandum des Ministerium des Innern vom 21. März 1810 besonders einschärfte — nicht den Zweck hatte, den Abbau ländlicher Besitzungen und die Anlage neuer Etablissements zu beschränken oder zu erschweren.

Es liegt auf der Hand, daß bei der allmäligen Zunahme des Güterverkehrs der Mangel einer gesetzlichen Regelung des Verfahrens bei Dismembrationen und Ansiedelungen sowohl bei den Behörden wie bei den betheiligten Privaten zu berechtigten Klagen führen mußte. Bei der Mannigfaltigkeit und Unvollkommenheit der Grundsteuerverfassung in den östlichen Provinzen, nach welcher z. B. in Schlesien auch Dienste, Gewerbsberechtigungen, Viehhaltung und Hütung zur Grundsteuer veranschlagt waren, bot schon die Vertheilung der Staatslasten vielfache Schwierigkeiten dar. Ein noch größeres Hinderniß der Vereinzelungen beruhte in dem Mangel einer Gemeindeordnung. Wenn das Landeskulturedict in §. 3 bemerkte, daß die neuen Abgaben des platten Landes der Theilbarkeit der Grundstücke nicht im Wege stünden, da sie entweder direct oder indirect blos persönlicher Natur seien, so ging es hierbei von der Voraussetzung aus, daß die Gemeinde-Verfassung des platten Landes mit den neuen Prinzipien der Staatsverwaltung in Einklang gebracht werden würde. Die beabsichtigte Umgestaltung der Gemeindeverfassung kam jedoch nicht zur Ausführung; es blieben vielmehr die herkömmlichen Kommunal-Beitragsverhältnisse bestehen, welche sich in den östlichen Provinzen in der Regel nach dem Grundbesitze und den verschiedenen Klassen der bäuerlichen Höfe richteten und im Laufe der Zeit den Charakter und die Form von Reallasten angenommen hatten. Bei den Abgaben an Kirchen, Pfarreien und Schulen, deren Ablösung auch nach der Ablösungsordnung vom 7. Juni 1821 (Ges.-S. S. 77) noch ausgeschlossen blieb, ergaben sich Kontroversen über ihre parochiale oder privatrechtliche Natur. Alle diese Schwierigkeiten wurden noch durch Zweifel über die Kompetenz der bei der Regulirung der Reallasten betheiligten Verwaltungs-, Auseinandersetzungs- und Hypothekenbehörden vermehrt. Mit dem in Folge dessen hervortretenden Wunsche nach einer gesetzlichen Regelung verbanden einige Provinziallandtage und Regierungen Anträge auf eine Beschränkung der Parzellirungsfreiheit überhaupt, während andere wenigstens die Anlage neuer Etablissements außerhalb der Dörfer beschränkt wissen wollten.

Die von der Staatsregierung angeordneten Verhandlungen über diese Anträge führten zum Erlaß des Gesetzes vom 3. Jan. 1845, betreffend die Zertheilung von Grundstücken und die Gründung neuer Ansiedelungen in den sechs östlichen Provinzen mit Ausschluß von Neuvorpommern (Ges.-S. S. 25), welches, wie sein Eingang besagt, die Uebelstände beseitigen sollte, „welche aus der Zerstückelung von Grundstücken und aus der Gründung neuer Ansiedelungen ohne gleichzeitige Regulirung der Abgaben und Kommunalverhältnisse entstehen.“

Dieses Gesetz, dessen Bestimmungen durch die Gesetze vom 24. Februar 1850 (Ges.-S. S. 68) und vom 24. Mai 1853 (Ges.-S. S. 241) theilweise abgeändert und ergänzt worden sind, enthält in den §§. 2—7 Vorschriften über die Parzellirungsverträge, auf welche weiter unten zurückgekommen werden soll,*) und behandelt sodann die Abgabenvertheilung (§§. 7—24) und die Gründung neuer Ansiedelungen (§§. 25—32).

1. Abgaben-Regulirung.

Für die Abgabenvertheilung stellte der §. 7 Nr. 1 den Grundsatz auf, daß bei jeder Grundstückstheilung vor der Berichtigung des Besitztitels von Amtswegen die auf dem zertheilten Grundstücke haftenden oder in Rücksicht auf dessen Besitz zu entrichtenden Abgaben und Leistungen, einschließlich der auch dem Gemeinde-, Kirchen- und Schulverbande entspringenden oder sonstigen Korporations- und Sozietätslasten zu vertheilen und die das Grundstück betreffenden und auf dessen Besitz sich gründenden Kommunal- und Sozietätsverhältnisse zu reguliren sind (vgl. auch das Rescript des Ministers des Innern vom 30. November 1847 M. Bl. S. 401). Diese Vorschrift erlitt jedoch in Folge des Gesetzes vom 8. Februar 1867, betreffend die definitive Untervertheilung und Erhebung der Grundsteuer in den sechs östlichen Provinzen des Staats rc. (Ges.-S. S. 185), insofern eine Abänderung, als die Feststellung und Fortschreibung der Grundsteuer schon nach diesem Gesetze auch bei Dismembrationen und Gründung neuer Ansiedelungen unabhängig von der Regulirung der sonstigen öffentlichen Lasten und Abgaben durch den Fortschreibungsbeamten unter Bestätigung der Bezirksregierungen erfolgen soll (§. 35 daselbst). Das Verfahren bei Vertheilung der übrigen öffentlichen Lasten gestaltete sich nach den Vorschriften des Gesetzes vom 3. Januar 1845 und seiner erwähnten Ergänzungsgesetze folgendermaßen:

Die Lastenregulirung lag, abgesehen von den zur Kompetenz der Auseinandersetzungsbehörden gehörenden Theilungen von Grundstücken, welche bei gutsherrlich-bäuerlichen Regulirungen,

---

*) Vgl. Anm. 4 zur Ueberschrift des Gesetzes S. 33.

Gemeinheitstheilungen oder Ablösungen vorkommen, dem Landrathe, bezw. für die Feldmarken derjenigen Städte, welche keinem Kreise angehören, dem Magistrate ob. Der Landrath war jedoch befugt, die Regulirungsverhandlung der Ortsobrigkeit zu übertragen. Die genannten Behörden, welchen Seitens der Gerichte beglaubigte Abschriften aller Parzellirungsverträge mitgetheilt wurden (§. 3 des Gesetzes vom 24. Februar 1850), hatten sich zunächst über die Sachlage vollständig zu unterrichten und zu diesem Zwecke außer den Kontrahenten auch die sonstigen Betheiligten, wie die Gutsherrschaft, Kirche, Pfarre, Schule, Gemeinde und die etwa interessirten unter Aufsicht des Staates stehenden Institute und Gesellschaften zu hören. Sodann entwarfen sie einen Regulirungsplan, welcher sämmtlichen Interessenten zur Erklärung vorgelegt und demnächst der Regierung zur Bestätigung eingereicht wurde. Etwaige Streitigkeiten über die öffentlichen Abgaben und Leistungen oder über die Gemeinde- und Korporationsverhältnisse hatte die Regierung entweder selbst zu entscheiden oder zur Entscheidung der Gerichte zu verweisen, je nachdem sich dieselben zur Erörterung im Rechtswege oder zur Feststellung im Verwaltungswege eigneten. In beiden Fällen war die Regierung befugt, ein sofort vollstreckbares Interimistikum festzusetzen; auch konnte sie in den zu ihrer Kompetenz gehörenden Streitigkeiten ein schiedsrichterliches Verfahren nach Maßgabe der Vorschriften der Verordnung vom 30. Juni 1834 (Ges.-S. S. 96) eintreten lassen. Gegen die definitive Entscheidung der Regierung und gegen den von ihr bestätigten Vertheilungsplan war der Rekurs an das Ministerium des Innern zulässig; die erste Entscheidung oder der Vertheilungsplan konnten jedoch, des eingelegten Rekurses ungeachtet, einstweilen in Vollzug gesetzt werden. Der von der Regierung bestätigte oder durch Rekurs-Entscheidung festgesetzte Regulirungsplan hatte die Wirkung einer gerichtlich bestätigten und vollstreckbaren Urkunde. Erst nach erfolgter definitiver oder interimistischer Regulirung war der Erwerber eines Trennstücks befugt, die mit demselben verbundenen ständischen, Gemeinde- und anderen Korporationsrechte auszuüben.

In materieller Beziehung waren für die Vertheilung im Wesentlichen die in den §§. 11—13 des Gesetzes enthaltenen Grundsätze maßgebend. Nach den dort gegebenen Vorschriften hatte die Vertheilung der Grundsteuer nach den bestehenden Bestimmungen zu erfolgen, während Geld- und Naturalabgaben sowie andere Leistungen auf die einzelnen Theile des Grundstücks nach deren Ertragswerth oder Flächenraum verhältnißmäßig vertheilt werden sollten. Wenn bei einer Repartition von Hand- und Spanndiensten oder anderer in Handlungen bestehenden Leistungen nach dem obigen Verhältnisse die nachhaltige Erfüllung dieser Verpflichtungen nicht genügend gesichert erschien, so mußten sich die Besitzer der einzelnen Theile des Grundstücks — vorbehaltlich der unter ihnen zu treffenden Ausgleichung — jeder andern als nothwendig sich ergebenden Vertheilungsart unterwerfen.

2. Gründung neuer Ansiedelungen.

Die Gründung neuer Ansiedelungen außerhalb der Städte und Vorstädte unterlag nach den §§. 25 ff des Gesetzes v. 3. Januar 1845, §. 2 des Gesetzes vom 24. Februar 1850, §§. 11 ff des Gesetzes v. 24. Mai 1853 folgenden erschwerenden Bestimmungen:

a. Die Regulirung der öffentlichen Lasten und der sonstigen öffentlich rechtlichen Verhältnisse, welche aus der Gründung einer neuen Ansiedelung in Beziehung auf die Gerichts- und Polizeiobrigkeit, den Gemeinde-, Kirchen- und Schulverband und andere dergleichen Verbände entspringen, mußte der Aushändigung des Baukonsenses vorangehen;

b. die neuen Ansiedler mußten, wenn durch ihren Hinzutritt dem Gemeinde-, Kirchen-, Schul- oder sonstigem Verbande besondere Unkosten oder Lasten entstanden, auch diese tragen;

c. gegen den Widerspruch der Ortsobrigkeit oder Gemeinde durfte die Ansiedelung solcher Personen nicht gestattet werden, welche nicht nachweisen konnten, daß sie hinlängliches Vermögen sowohl zur Ausführung des Baues als zur Einrichtung der Wirthschaft besaßen;

d. aus polizeilichen Gründen konnte die Ansiedelung untersagt werden, wenn von derselben Gefahr für das Gemeinwesen zu besorgen und die polizeiliche Beaufsichtigung mit ungewöhnlichen Schwierigkeiten verbunden war; insbesondere sollte die Ansiedelung notorisch unvermögender oder bescholtener Personen an Plätzen, welche von bewohnten Orten erheblich entfernt oder sonst unpassend gelegen sind, in der Regel nicht zugelassen werden.

Ueber die Gestattung oder Versagung der neuen Ansiedelung hatte auch in dem Falle, wenn von der Ortsobrigkeit, der Gemeinde oder den Nachbarn derselben widersprochen wurde, der Landrath oder der Magistrat zu entscheiden. Gegen diese Entscheidung stand den Betheiligten der Recurs an die Regierung und gegen deren Bescheid die Beschwerde an den Minister des Innern offen. Wer ohne Genehmigung eine neue Ansiedelung gründete, konnte von der Behörde zur Wegschaffung derselben angehalten werden.

Aehnliche Vorschriften wurden für Neuvorpommern und Rügen durch das Gesetz v. 26. Mai 1856 (Ges.-S. S. 613) erlassen, dessen abweichende Bestimmungen hauptsächlich auf einigen Besonderheiten der dortigen Hypotheken- und Armengesetzgebung beruhen.

Die vorstehende Darstellung ergiebt, daß das Gesetz vom 3. Januar 1845 und seine Ergänzungsgesetze wesentliche und weitgehende Abweichungen von den Grundsätzen des Landeskulturedicts enthalten, welches dem kleineren Manne zur Verbesserung der eigenen Existenz den Erwerb von Grundeigenthum möglichst zu erleichtern beabsichtigte. Während das äußerst umständliche Verfahren bei der Abgabenregulirung die Vornahme von Abverkäufen in unnöthiger Weise erschwerte, verfehlten die das Ansiedelungsrecht beschränkenden Bestimmungen ihren Zweck, indem sie nicht nur die dem Gemeindewohle nachtheiligen, sondern auch die unschädlichen und nützlichen Ansiedelungen trafen.

Innerhalb der Landesvertretung wurde deshalb schon frühzeitig und wiederholt der Wunsch nach einer Revision der Gesetzgebung über die Gründung neuer Ansiedelungen ausgesprochen (vgl. z. B. stenographische Berichte über die Verhandlungen des A. H. 1863 Bd. I S. 211 ff. 1866/67 Bd. II S. 694 ff. 1872/73 Drucksachen Bd. IV Nr. 337). Auch die Staatsregierung verkannte die Mängel dieser Vorschriften nicht, zumal dieselben nach Erlaß des Gesetzes v. 1. November 1867 über die Freizügigkeit (B. Ges.-Bl. S. 55) in einem offenbaren Widerspruch mit dem Reichsrecht standen. Sie ordneten deshalb schon im Jahre 1873 eine Revision dieser Gesetzgebung an; letztere ergab jedoch die Nothwendigkeit, die Reform der gesetzlichen Bestimmungen über das Dismembrationsverfahren mit derjenigen der Ansiedelungsgesetzgebung zu verbinden. In Folge dessen unterbreitete die Staatsregierung am 17. Februar 1876 dem Hause der Abgeordneten einen beide Materien regelnden Gesetzentwurf, welcher an die Stelle des Gesetzes v. 3. Januar 1845 und seiner Ergänzungsgesetze, bezw. des Gesetzes v. 26. Mai 1856 treten sollte, und aus welchem demnächst das Gesetz v. 25. August 1876 hervorgegangen ist (Nr. 47 der Drucksachen des A. H. 1876).

Der Entwurf erfuhr bei seiner ersten Berathung im A. H. im Ganzen eine sehr günstige Beurtheilung und wurde einer besonderen Kommission zur Vorberathung überwiesen. Letztere hielt seine Grundsätze für so richtig, daß sie ihre Prüfung hauptsächlich auf die Frage beschränkte, ob die in den Motiven ausgesprochene Absicht des Gesetzes auch überall den entsprechenden klaren Ausdruck gefunden habe (vgl. den Kommissionsbericht Nr. 143 der Drucksachen des A. H. 1876). Im Hause selbst bewegte sich die Berathung im Wesentlichen in derselben Richtung, wenngleich die Vorschriften über Gründung neuer Ansiedelungen zu lebhaften, für die Auslegung des Gesetzes wichtigen Erörterungen Veranlassung gaben und verschiedenen Abänderungen unterzogen wurden. Der Entwurf gelangte daher in einer der Tendenz der Motive entsprechenden Fassung an das H. H. Letzteres überwies denselben der IX. Kommission für Agrarangelegenheiten zur Vorberathung und trat demnächst den Beschlüssen des A. H., abgesehen von einigen redactionellen Aenderungen, bei. Nachdem sodann das A. H. in der Sitzung vom 20. Juni 1876 dem Gesetzentwurfe in der vom H. H. beschlossenen Fassung seine Zustimmung ertheilt hatte, hat derselbe unter dem 25. August 1876 auch die Königliche Sanction erhalten und ist in Nr. 30 der Gesetzsammlung für 1876 S. 405 ff. als Gesetz, betreffend die Vertheilung der öffentlichen Lasten bei Grundstückstheilungen und die Gründung neuer Ansiedelungen in den Provinzen Preußen, Brandenburg, Pommern, Posen, Schlesien, Sachsen und Westfalen, publicirt worden.

Die Materialien zum Gesetze finden sich in den stenographischen Berichten 1876 A. H. Aktenst. Nr. 47, 143, 144, 190, 192, 194, 195, 196, 198, 201, 204, 208, 211, 224, 225, 229; Verh. S. 453—457, 1248—1270, 1271—1280, 1343—1359; H. H. Aktenstücke Nr. 55, 76, 78, 101; Verh. S. 279—285; A. H. Aktenst. Nr. 351. Verh. S. 1970.

Dem allgemeinen Theil der Motive zu dem gedachten Entwurfe entnehmen wir hier folgende die Reformbedürftigkeit der auf dem Gesetze v. 3. Januar 1845 beruhenden Gesetzgebung näher entwickelnde Ausführungen:

1. Hinsichtlich des Verfahrens bei der Abgabenregulirung.

„Dieses umständliche Verfahren war bei geringerer Beweglichkeit des Grundbesitzes durchführbar. Seit dem und trotz des Gesetzes v. 3. Januar 1845 und seiner Ergänzungsgesetze haben jedoch die Grundstückstheilungen derartig zugenommen, daß unter der Masse der in jedem Dismembrationsfalle entstehenden Arbeit deren Zuverlässigkeit und Brauchbarkeit und somit der Zweck des Gesetzes selbst gefährdet ist. In Regierungsberichten aus den Jahren 1868—1870 finden sich einige Notizen über den damaligen Umfang des Dismembrationsverfahrens. Danach wurden im jährlichen Durchschnitt bearbeitet in den Regierungsbezirken Marienwerder 2000, Merseburg 1800—2000, Breslau 3500 Dismembrationsfälle, bei der Regierung in Posen 2600 Geschäftsnummern und bei der Regierung in Königsberg 9 bis 10000 Geschäftsnummern. Seitdem ist die Zahl der Dismembrationen immer noch im Wachsen. Zwar hat die Kreisordnung vom 13. Dezember 1872 in den fünf Provinzen ihres gegenwärtigen Geltungsgebietes die Geschäftslast bei den Regierungen vermindert, da nach § 135 VIII denselben nur noch die Bestätigung der Grundsteuer- und Rentenvertheilungspläne, die Bestätigung der Regulirungspläne über die sonstigen öffentlichen Lasten aber den Kreisausschüssen obliegt, während die Regierung hinsichtlich dieser Pläne nur noch die Berufungsinstanz bildet. Dagegen ist die Arbeit in der unteren Instanz durch die Vorschriften der Kreisordnung nur noch umständlicher geworden. Da nämlich die Rentenvertheilung und die Vertheilung der übrigen Lasten hinsichtlich der Bestätigung einen verschiedenen Weg gehen, so müssen zwei Regulirungspläne entworfen, die Erklärungen der Interessenten über jeden dieser Pläne in besonderer Verhandlung aufgenommen, der eine Plan der Regierung, der andere dem Kreisausschusse, und zwar jeder in mehrfacher Ausfertigung und mit den zugehörigen, getrennt zu haltenden Unterlagen eingereicht und schließlich auch die Publikation doppelt vorgenommen werden.

Die Hauptlast bei dieser Vermehrung des Schreibwerks ist den Landräthen zugewachsen, welche beide Kategorien von Regulirungsplänen zur Bestätigung vorzubereiten haben. Dazu kommt, daß die Landräthe sich der Mitwirkung der Ortspolizeibehörden nicht mehr in dem Umfange bedienen können, wie früher auf Grund der Vorschrift im § 8 des Gesetzes v. 3. Januar 1845 zu geschehen pflegte. Zwar sind die Landräthe in der ersten Zeit nach Einführung der Kreisordnung behufs Aufstellung der Regulirungspläne und Verhandlung mit den Interessenten vielfach auf die Amtsvorsteher zurückgegangen, was mit Rücksicht auf die gedachte Gesetzesvorschrift in der Instruktion vom 7. Februar 1874 als zulässig bezeichnet war. Jedoch rief dies auf Seiten der Amtsvorsteher zahlreiche Beschwerden hervor, die auch in der Landesvertretung Ausdruck gefunden haben (Nr. 10 der Drucksachen des H. H. Sitzungsperiode 1875 und stenographische Berichte über die Sitzung des H. H. vom 22. Januar 1875.) Da anzuerkennen war, daß es der Stellung der ehrenamtlichen Organe der Selbstverwaltung nicht entspricht, ihnen bureaumäßige Arbeiten zuzumuthen, die auch anderweitig besorgt werden können, so ist unterm 5. Februar 1875 die Instruction vom 7. Februar 1874 dahin modificirt worden, daß die Landräthe das Regulirungsverfahren in der Regel selbst durchzuführen, die Mitwirkung der Amtsvorsteher aber nur in einzelnen Fällen aus sachlichen Rücksichten in Anspruch zu nehmen und thunlichst auf Aufnahme der Informationsverhandlungen, wenn solche nicht ohne Erschwerniß für die Betheiligten auf dem Landrathsamte bewirkt werden können, zu beschränken haben.

Bei der geschäftlichen Ueberbürdung der Landräthe, zu deren umfangreichen Obliegenheiten neuerdings noch die Ausführung der großen Organisations- und Verwaltungsgesetze und die wichtige Leitung der Arbeiten des Kreisausschusses hinzugetreten sind, liegt es im dringenden Interesse der Staatsverwaltung, die Landräthe von Geschäften mehr mechanischer Natur, wie es die Dismembrationssachen sind, zu entlasten.

Ebenso wünschenswerth ist es, die Kreisausschüsse, deren Thätigkeit auf weiteren wichtigen Gebieten in Anspruch genommen werden muß, von der Bestätigung der Regulirungspläne zu entbinden.

Die Uebelstände des gegenwärtigen Verfahrens, welches der Lebendigkeit des Güterverkehrs nicht zu folgen vermag, werden sowohl von dem Publikum als von den Behörden lebhaft empfunden.

In einem Oberpräsidialberichte aus dem Jahre 1871 wird darüber geklagt, „daß das Vielerlei des jetzigen Verfahrens und die große Zahl der mitwirkenden Behörden zu einer höchst mangelhaften und unzuverlässigen Aufstellung der Regulirungspläne führe..." Ein anderer Oberpräsident sagt: „Geht nun der Plan, nachdem vielleicht jahrelang die Verhandlungen geschwebt haben, an die Ortsbehörden zur Publikation für die Interessenten zurück, so haben in den meisten Fällen letztere sich faktisch schon über die Vertheilung der Abgaben im gütlichen Wege geeinigt, und das mit so vieler Mühe zusammengetragene Schriftstück wandert, nachdem es flüchtig vorgelesen ist, in die Lade des Ortsgerichts, um nie wieder an das Tageslicht zu gelangen. . . ."

In ähnlicher Weise hat sich die Mehrzahl der Provinzialbehörden in den 6 östlichen Provinzen geäußert. Insbesondere ist der Umstand von mehreren Seiten bestätigt, daß den Festsetzungen der Regulirungspläne von den Interessenten in der Regel wenig oder gar kein Gewicht beigelegt wird. Das schleppende Verfahren kann mit den Anforderungen der Wirklichkeit nicht Schritt halten. Die Interessenten haben sich untereinander schon eingerichtet, bevor der Plan alle vorgeschriebenen Stadien durchlaufen hat. Wird aber einmal auf den Inhalt eines Regulirungsplanes zurückgegangen und erweisen sich die Festsetzungen, wie nur zu oft der Fall ist, als unrichtig, so können große Unzuträglichkeiten entstehen, da dem bestätigten Regulirungsplane nach §. 23 des Gesetzes die Wirkung einer gerichtlich bestätigten und vollstreckbaren Urkunde beiwohnt.

Die Reformbedürftigkeit des gegenwärtigen Abgabenregulirungsverfahrens kann hiernach einem Zweifel nicht wohl unterworfen sein. Die Vereinfachung desselben erscheint um so unbedenklicher, als die Verhältnisse, die für den Erlaß des Gesetzes vom 3. Januar 1845 bestimmend gewesen sind, sich wesentlich verändert haben.

Die Schwierigkeiten, welche in den Mängeln und der Verschiedenheit der früheren Grundsteuerverfassungen lagen, sind beseitigt. Die einheitlich regulirte Grund- und Gebäudesteuer giebt einen ebenso angemessenen als einfachen Maßstab auch für die Vertheilung der übrigen öffentlichen Lasten. Die domänenfiskalischen Gefälle sind in Geldrenten verwandelt. Das Kommunalabgabenwesen der ländlichen Gemeinden in den östlichen Provinzen harrt zwar noch der durchgreifenden gesetzlichen Regelung. Jedoch ist durch das Landgemeindegesetz für die 6 östlichen Provinzen vom 14. April 1856 (Ges.-S. S. 359) den Gemeinden wenigstens die Befugniß ertheilt, den Maßstab für Aufbringung der Gemeindelasten unter Bestätigung der Aufsichtsbehörde statutarisch zu regeln. Hiervon ist in vielen Fällen in der Weise Gebrauch gemacht, daß an Stelle der Naturalleistungen und der Vertheilung der Gemeindeabgaben nach Besitzklassen der Maßstab der Staatssteuern getreten ist, der auch in Dismembrationsfällen ohne Weiteres anwendbar ist. Ferner ist häufig bei Gelegenheit der Gemeinheitstheilungen eine Regulirung streitiger oder dunkler Kommunalbeitragsverhältnisse nach dem Maßstabe des Grundstücksertragswerthes vorgenommen worden. Die Schwierigkeiten welche bei der Zertheilung von Erbschulzengrundstücken zu entstehen pflegten, sind für das Geltungsgebiet der Kreisordnung vom 13. Dezember 1872 mit der Aufhebung der dinglichen Verpflichtung zur Schulzenamtsverwaltung fortgefallen. Die Vertheilung der den geistlichen Instituten zustehenden Abgaben ist durch die Verwandlung dieser Abgaben in Geld- oder Roggenrente zufolge der Ablösungsgesetze vom 2. März 1850 (Ges.-S. S. 77), 5. April 1857 (Ges.-S. S. 363) und 27. April 1872 (Ges.-S. S. 417) und durch die nach dem letzteren Gesetze zulässige Kapitalsablösung erleichtert.

Unter den so veränderten Verhältnissen erscheint es nicht bedenklich, den in den meisten übrigen Landestheilen herrschenden Grundsatz:

> daß der Staat nur die an ihn selbst zu entrichtenden Abgaben von Amtswegen durch seine Behörden regulirt, die Vertheilung der sonstigen öffentlichen Lasten dagegen den betheiligten Verbänden und Korporationen überläßt,

auch in dem Gebiete der Gesetze vom 3. Januar 1845 und vom 26. Mai 1856 zur Anwendung zu bringen.

2. Hinsichtlich der Gründung neuer Ansiedelungen.

„Dem Gesichtspunkte der Förderung der Landeskultur wird es entsprechen, daß die Gesetzgebung zu dem Gedanken des Edictes vom 14. September 1811 zurückkehrt, indem sie ein Recht zur Ansiedelung anerkennt, dieses Recht in seiner Ausübung von ungehörigen Erschwerungen befreit und dasselbe nur da und zwar wirksam einschränkt, wo der legitime Anspruch anderer berechtigter Interessen auf staatlichen Schutz dies erfordert.

Werden die bestehenden Beschränkungen der Ansiedelungsfreiheit an diesem Maßstabe gemessen, so ergiebt sich folgendes Resultat:

a. Die Vorschrift im §. 25 Absatz 2 des Gesetzes vom 3. Januar 1845, wonach die Abgaben und sonstigen öffentlichen Verhältnisse der neuen Ansiedelung vor Aushändigung des Baukonsenses regulirt sein sollen, würde bei der Weitläufigkeit des Abgabenregulirungsverfahrens in vielen Fällen einem Verbote der Ansiedelung gleichkommen, wenn streng auf die Ausführung gehalten würde. Jedoch geschieht dies, als der Absicht des Gesetzes widersprechend, nach den Berichten der Behörde fast nirgends. Vielmehr pflegt die nachfolgende Durchführung des Regulirungsverfahrens stillschweigend zugelassen zu werden. Nachtheile sind hieraus nicht entstanden, da der Ansiedler auch nach ausgeführtem Bau der antheiligen Uebernahme der öffentlichen Lasten sich nicht entziehen kann. Den Berechtigten aber bleibt bis zur erfolgten Regulirung, ebenso wie bei Abzweigungen, mit denen eine Ansiedlung nicht verbunden ist, der Restgutsbesitzer für das Ganze verhaftet. Die erwähnte Beschränkung kann daher unbedenklich fallen gelassen werden.

b. Die Vorschrift im §. 26 Nr. I des gedachten Gesetzes, daß die Bewohner einer neuen Ansiedelung die ihnen nach Gesetz oder Observanz obliegenden Abgaben und Leistungen an die Kirche, Schule, Gemeinde ꝛc. zu übernehmen haben, bedarf der ausdrücklichen Hervorhebung nicht. Wenn aber derselbe §. in Nr. 2 dem Ansiedeler auch die besonderen Unkosten und Lasten auferlegt, die durch seinen Hinzutritt dem Gemeinde-, Kirchen-, Schul- oder sonstigen Verbande entstehen, so ist dies, so allgemein gefaßt, entweder ohne praktische Bedeutung oder es führt zu einer ungerechtfertigten Besteuerung des Rechtes der freien Niederlassung. Auf besondere Veranstaltungen hat der Ansiedler überhaupt keinen, auf die allgemeinen Vortheile der kommunalen, kirchlichen und Schuleinrichtungen dagegen denselben Anspruch, wie jeder andere Ortsbewohner. Die gedachte Vorschrift hat daher in den vorliegenden Entwurf keine Aufnahme gefunden. Dagegen ist mit Rücksicht darauf, daß im öffentlichen Interesse jede Ansiedelung zugänglich sein muß, den Ansiedlern die bestimmte Verpflichtung auferlegt, für einen jederzeit offenen Weg zu sorgen.

c. Nach dem Reichsgesetze über die Freizügigkeit vom 1. November 1867 (B. Ges.-Bl. S. 55) ist die Befugniß der Gemeinden zur Abweisung eines neu Anziehenden auf den Fall beschränkt, wenn sie nachweisen können, daß der Neuanziehende außer Stande ist, sich und seinen nicht arbeitsfähigen Angehörigen den nothdürftigen Lebensunterhalt zu verschaffen. Außer diesem Falle hat jeder Reichsangehörige das Recht, innerhalb des Reichsgebiets an jedem Orte Grundeigenthum aller Art zu erwerben und sich da niederzulassen, wo er eine eigene Wohnung oder ein Unterkommen sich zu verschaffen im Stande ist. Die Besorgniß vor künftiger Verarmung berechtigt den Gemeindevorstand nicht zur Zurückweisung.

Mit diesen Vorschriften ist die landesgesetzliche Beschränkung in §. 11 des Gesetzes vom 24. Mai 1853, welche dem Ansiedler die Beweislast über den Besitz eines hinlänglichen Vermögens zuschiebt und, falls der Beweis nicht erbracht wird, der Gemeinde ein Widerspruchsrecht wider die Ansiedelung einräumt, nicht vereinbar.

Allerdings bringt das Nebeneinanderbestehen der unbeschränkten Freizügigkeit und der Verpflichtung der Gemeinden zur Armenpflege Uebelstände mit sich. Dieselben können ihre Lösung indessen nur im Wege der Reichsgesetzgebung finden. Immerhin werden sie bei der Niederlassung durch Ansiedelung, die ein gewisses Vermögen voraussetzt, sich in geringerem Maße fühlbar machen als bei der Niederlassung loser Leute.

d. Nach §. 27 des Gesetzes vom 3. Januar 1845 kann die Ansiedelung von Polizeiwegen untersagt werden, wenn davon Gefahr für das Gemeindewesen zu besorgen und die polizeiliche Aufsicht mit ungewöhnlichen Schwierigkeiten verbunden ist, was besonders bei solchen Ansiedelungen anzunehmen, welche von anderen bewohnten Orten erheblich entfernt, oder sonst unpassend belegen und zugleich zur Gründung einer selbstständigen Existenz nicht hinreichend sind. Notorisch unvermögenden oder bescholtenen Personen ist in solchem Falle die Ansiedelung in der Regel zu versagen.

Die hier statuirten persönlichen Versagungsgründe werden nicht aufrecht erhalten werden können.

Ob Jemand genügendes Vermögen zu einer Unternehmung besitzt, ist seine Sache und kein Gegenstand für die polizeiliche Prüfung, welche überdies, auf Niederlassungen angewandt, den Bestimmungen des Gesetzes über die Freizügigkeit nicht entspricht. Jedoch auch von der Unbescholtenheit pflegt wohl die Ausübung politischer, aber nicht individueller, wirthschaftlicher und allgemein bürgerlicher Befugnisse abhängig gemacht zu werden. Wenn §. 3 des Gesetzes über die Freizügigkeit diejenigen landesgesetzlichen

Vorschriften in Kraft läßt, wonach bestrafte Personen Aufenthaltsbeschränkungen durch die Polizeibehörde unterworfen werden können, so haben weitergehende Beschränkungen des an sich auch dem Bescholtenen zustehenden Niederlassungsrechtes offenbar ausgeschlossen werden sollen. An Stelle jener landesgesetzlichen Vorschriften sind später die Bestimmungen des Reichsstrafgesetzbuches über die Befugniß der Polizeibehörden getreten, dem unter Polizeiaufsicht Gestellten den Aufenthalt an einzelnen bestimmten Orten zu untersagen (§. 39 Nr. 1 des R. St. G. B.). Schon diese Bestimmungen gewähren die Möglichkeit, bestrafte Personen, deren Niederlassung wegen der Natur der von ihnen begangenen Verbrechen für das Gemeinwesen besonders bedrohlich erscheint, von der Ansiedelung an bestimmten Orten auszuschließen. Denn auf die Zulässigkeit der Polizeiaufsicht kann erkannt werden bei Verurtheilungen wegen der schwereren Fälle des Widerstandes gegen die Staatsgewalt und der Vergehen wider die öffentliche Ordnung, wegen Münzverbrechen, wegen Kuppelei, wegen Raubes, wegen der schwereren Fälle des Diebstahls und der Erpressung, wegen Hehlerei, wegen gewerbsmäßigen unberechtigten Jagens, wegen Brandstiftung und anderer gemeingefährlicher Verbrechen.

Uebrigens wird es im Allgemeinen dem Interesse der öffentlichen Ordnung mehr entsprechen, daß ein zur Ungesetzlichkeit neigender Mensch sich seßhaft macht, als daß er ohne festen Wohnsitz sich der Ueberwachung und den Nachforschungen der Behörden entzieht.

Alle aus persönlichen Gründen entnommenen Beschränkungen der Ansiedelungsfreiheit aber können, da sie nur den Gründer der Ansiedelung treffen, durch die Vorschiebung anderer leicht umgangen werden.

Anders verhält es sich mit den örtlichen Versagungsgründen des Gesetzes vom 3. Januar 1845. Sowie auf baupolizeilichem Gebiete die Befugniß zur freien Benutzung des Grundeigenthums durch die Rücksichten begrenzt ist, welche die allgemeine Sicherheit, der Schutz gegen Feuersgefahr, der Straßenverkehr 2c. erfordern, ebenso darf die Ansiedelungsfreiheit in Bezug auf die Wahl der Lokalität keine schrankenlose sein. Das

Recht, sich in jeder Gemeinde niederzulassen, ist nicht gleichbedeutend mit dem Anspruche, die Niederlassung an jeder Stelle der Feldmark zu errichten. In dieser Beziehung muß die Niederlassungsfreiheit ebenso wie die Baufreiheit der höheren Rücksicht auf die allgemeine Wohlfahrt untergeordnet bleiben.

Das Gesetz vom 3. Januar 1845 bezeichnet die erhebliche Entfernung von bewohnten Orten oder die sonstige unpassende Lage von Ansiedelungen als besondere Umstände, welche die Besorgniß einer Gefahr für das Gemeinwesen begründen und die Polizeibehörde zur Versagung berechtigen sollen. Diese Bezeichnungen ermangeln der wünschenswerthen Bestimmtheit und lassen dem polizeilichen Ermessen einen zu weiten Spielraum. Dem gegenüber hat der vorliegende Entwurf es versucht, die Fälle konkreter zu bezeichnen, in welchen die Ansiedelungsfreiheit in Bezug auf die Wahl der Lokalität beschränkt werden muß."

II.

Gesetz,

betreffend

die Vertheilung der öffentlichen Lasten bei Grundstückstheilungen und die Gründung neuer Ansiedelungen in den Provinzen Preußen, Brandenburg, Pommern, Posen, Schlesien, Sachsen und Westfalen.

Vom 25. August 1876.

(Ges.-Samml. Nr. 30 S. 405—410.)

Wir Wilhelm, von Gottes Gnaden König von Preußen 2c., verordnen, mit Zustimmung beider Häuser des Landtages Unserer Monarchie, für die Provinzen Preußen, Brandenburg, Pommern, Posen, Schlesien, Sachsen und Westfalen, was folgt:

I. Vertheilung der öffentlichen Lasten bei Grundstückstheilungen.

§. 1.

Hinsichtlich der Vertheilung der öffentlichen Lasten, welche bei gutsherrlichbäuerlichen Regulirungen, Gemeinheitstheilungen und Ablösungen erforderlich wird, und hinsichtlich der Vertheilung der Grundsteuer verbleibt es bei den bestehenden Vorschriften.

Die Vertheilung der zu den Zwecken der Deich-, Meliorations-, Waldgenossenschafts- und ähnlichen Verbände aufzubringenden Abgaben und Leistungen, steht den genannten Verbänden nach Maßgabe ihrer Verfassung zu.

§. 2.

Der Vertheilung nach diesem Gesetze unterliegen nur die den Königlichen Rentenbanken und Tilgungskassen, sowie dem Domainenfiskus zustehenden Renten und, vorbehaltlich der Bestimmungen in §. 10., die aus dem Kirchen-, Pfarr-, Schul- und Gemeindeverbande entspringenden Abgaben und Leistungen, sofern solche auf dem Grundbesitz haften oder mit Rücksicht auf Grundbesitz zu entrichten sind.

Sobald eine Vertheilung nach diesem Gesetze endgültig stattgefunden hat, ist jedes Trennstück nur für die auf dasselbe vertheilten Lasten der vorbezeichneten Art verhaftet.

§. 3.

Die Vertheilung der im §. 2. bezeichneten Lasten ist nach dem Maßstabe der Grund- und Gebäudesteuer zu bewirken.

Falls dieser Maßstab nicht anwendbar ist, oder von dem Verhältnisse des Ertrags- (Nutzungs-) Werthes der einzelnen Theilstücke erheblich abweicht, so ist deren besonders zu ermittelnder Ertrags- (Nutzungs-) Werth der Vertheilung zu Grunde zu legen. Hierbei sind die für die Grund- und Gebäudesteuer bestehenden Vorschriften zum Anhalt zu nehmen.

§. 4.

Die Vertheilung der Renten (§. 2.) erfolgt durch den

Katasterkontroleur, welcher den Vertheilungsplan entwerfen und den Betheiligten bekannt machen muß.

Innerhalb einundzwanzig Tagen nach der Bekanntmachung steht den Betheiligten die Beschwerde offen. Dieselbe ist schriftlich oder mündlich zu Protokoll bei dem Katasterkontroleur anzubringen.

§. 5.

Die Bestätigung des Rentenvertheilungs-Planes und die Entscheidung über die angebrachten Beschwerden erfolgt durch

a) die Direktion der Rentenbank hinsichtlich der dieser Bank zustehenden oder ihr zur Verwaltung überwiesenen Renten,

b) die Domainenbehörde hinsichtlich der Domainenrenten.

§. 6.

Zum Ersatz für die dem Katasterkontroleur erwachsenden Geschäftsunkosten haben die Trennstückserwerber nach näherer Bestimmung des Finanzministers eine Gebühr zu entrichten, welche höchstens eine Mark für jedes Trennstück beträgt.

Außerdem sind dem Katasterkontroleur von denjenigen Trennstückserwerbern, in deren Interesse Ermittelungen an Ort und Stelle lediglich wegen der Rentenvertheilung erforderlich werden, nach Verhältniß der Rentenantheile die gesetzlichen Tagegelder und Reisekosten zu vergüten.

§. 7.

Die aus dem Kirchen- und Pfarrverbande entspringenden Lasten werden in evangelischen Gemeinden durch den Gemeindekirchenrath, in katholischen Gemeinden durch den Kirchenvorstand, die aus dem Schulverbande entspringenden Lasten durch deu Schulvorstand, die aus dem Gemeindeverbande entspringenden Lasten, vorbehaltlich der Vorschriften in den §§. 11. bis 13. des Gesetzes über die Landgemeindeverfassungen vom 14. April 1856 (Gesetz-Samml. S. 359), durch den Gemeindevorsteher vertheilt.

§. 8.

Der Katasterkontroleur hat bei jeder Grundstückstheilung, falls nicht einer der Fälle des §. 10. vorliegt, eine Abschrift des bestätigten Rentenvertheilungsplanes, oder wenn solcher nicht aufzustellen war, einen Auszug aus den Grundsteuerfortschreibungs-Protokollen nebst den erforderlichen Angaben hinsichtlich der Gebäudesteuer, dem Landrath, in Stadtkreisen dem Gemeindevorstande, zu übersenden. Diese stellen, wenn Lasten der im §. 7. gedachten Art zu vertheilen sind, jedem der zur Vertheilung berufenen Organe eine Abschrift der bezeichneten Schriftstücke zu.

§. 9.

Die Vertheilung (§. 7.) wird in urkundlicher Form festgesetzt. Sie ist den Betheiligten und, wenn Patronatslasten zur Vertheilung kommen, auch der Patronatsaufsichtsbehörde bekannt zu machen.

Innerhalb [ein und zwanzig Tagen] nach der Bekanntmachung steht den Betheiligten und der Patronatsaufsichtsbehörde die Klage im Verwaltungsstreitverfahren offen.

Dieselbe ist bei dem Kreisausschusse, in Stadtkreisen bei dem [Bezirksverwaltungsgericht] anzubringen.

§. 10.

Der Vertheilung nach diesem Gesetze bedarf es hinsichtlich der im §. 7. genannten Lasten nicht, wenn dieselben:

a) auf Gebäuden, Bauplätzen, Hofstellen oder Gärten

innerhalb einer Stadt oder Vorstadt ruhen, oder wenn sie

b) von dem Besitzer eines jeden Grundstücks ohne Rücksicht auf dessen Beschaffenheit oder Größe, oder

c) nach Verhältniß der Staatssteuern aufzubringen sind,

d) wenn im Falle der Vertauschung von Grundstückstheilen deren Eigenthümer unter Zustimmung der Abgabenberechtigten und der im §. 7. bezeichneten Vorstände in die wechselseitige Lastenübertragung auf die Tauschstücke willigen.

§. 11.

Streitigkeiten über die Existenz, den Umfang oder die rechtliche Natur der zu vertheilenden Abgaben und Leistungen verbleiben der richterlichen Entscheidung. Wenn vor derselben die Vertheilung nicht bewirkt werden kann, so ist hinsichtlich der Renten die bestätigende Behörde, sonst der Kreisausschuß, in Stadtkreisen [das Bezirksverwaltungsgericht], befugt, über die Vertheilung eine vorläufige Festsetzung zu treffen, gegen welche eine Berufung nicht stattfindet.

§. 12.

Die in Gemäßheit dieses Gesetzes über die Vertheilung von Lasten getroffenen endgültigen und die nach §. 11. getroffenen vorläufigen Festsetzungen sind im Verwaltungswege vollstreckbar.

II. Gründung neuer Ansiedelungen.

§. 13.

Wer außerhalb einer im Zusammenhange gebauten Ortschaft ein Wohnhaus errichten oder ein schon vorhandenes Gebäude zum Wohnhause einrichten will, bedarf einer von der Ortspolizeibehörde zu ertheilenden Ansiedelungsgenehmigung. Vor deren Aushändigung darf die polizeiliche Bauerlaubniß nicht ertheilt werden. Die Ansiedelungsgenehmigung ist nicht erforderlich für Wohnhäuser, welche in den Grenzen eines nach dem Gesetz vom 2. Juli 1875. festgestellten Bebauungsplans, oder welche auf einem bereits bebauten Grundstücke im Zusammenhange mit bewohnten Gebäuden errichtet oder eingerichtet werden sollen.

§. 14.

Die Ansiedelungsgenehmigung ist zu versagen, wenn nicht nachgewiesen ist, daß der Platz, auf welchem die Ansiedelung gegründet werden soll, durch einen jederzeit offenen Weg zugänglich, oder daß die Beschaffung eines solchen Weges gesichert ist. Wenn nur der letztere Nachweis erbracht werden kann, so ist bei Ertheilung der Ansiedelungsgenehmigung für die Beschaffung des Weges eine Frist zu bestimmen, nach deren fruchtlosem Ablaufe das polizeiliche Zwangsverfahren eintritt.'

§. 15.

Die Ansiedelungsgenehmigung kann versagt werden, wenn gegen die Ansiedelung von dem Eigenthümer, dem Nutzungs- oder Gebrauchsberechtigten oder dem Pächter eines benachbarten Grundstücks oder von dem Vorsteher des Gemeinde- (Guts-) Bezirks, zu welchem das zu besiedelnde Grundstück gehört, oder von einem der Vorsteher derjenigen Gemeinde- (Guts-) Bezirke, an welche dasselbe grenzt, Einspruch erhoben und der Einspruch durch Thatsachen begründet wird, welche die Annahme rechtfertigen, daß die Ansiedelung den Schutz der Nutzungen benachbarter Grundstücke aus dem Feld- oder Gartenbau, aus der Forstwirthschaft, der Jagd oder der Fischerei gefährden werde.

§. 16.

Vor Ertheilung der Ansiedelungsgenehmigung sind die betheiligten Gemeinde- (Guts-) Vorsteher (§. 15.) von dem Antrage in Kenntniß zu setzen. Diese haben den Antrag innerhalb ihrer Gemeinden (Gutsbezirke) auf ortsübliche Art mit dem Bemerken bekannt zu machen, daß gegen den Antrag von den Eigenthümern, Nutzungs-, Gebrauchsberechtigten und Pächtern der benachbarten Grundstücke innerhalb einer Präklusivfrist von einundzwanzig Tagen bei der Ortspolizeibehörde Einspruch erhoben werden könne, wenn der Einspruch sich durch Thatsachen der in §. 15. bezeichneten Art begründen lasse.

Die erhobenen Einsprüche sind von der Ortspolizeibehörde, geeignetenfalls nach Anhörung des Antragstellers und derjenigen, welche Einspruch erhoben haben, sowie nach Aufnahme des Beweises zu prüfen.

§. 17.

Die Versagung der Genehmigung auf Grund des §. 14. oder auf Grund erhobener Einsprüche (§. 15.), sowie die Zurückweisung der gegen die Ansiedelungsgenehmigung erhobenen Einsprüche erfolgt durch einen Bescheid der Ortspolizeibehörde, welcher mit Gründen zu versehen und dem Antragsteller, sowie denjenigen, welche Einspruch erhoben haben, zu eröffnen ist.

Gegen den Bescheid steht dem Antragsteller, sowie denjenigen, welche Einspruch erhoben haben, innerhalb einer Präklusivfrist von [zehn Tagen] nach Zustellung des Bescheides, den Tag der Zustellung ungerechnet, die Klage im Verwaltungsstreitverfahren offen.

Zuständig ist der Kreisausschuß, in Stadtkreisen [das Bezirksverwaltungsgericht].

§. 18.

Wer außerhalb einer im Zusammenhange gebauten

Ortschaft eine Kolonie anlegen will, hat dazu die Genehmigung des Kreisausschusses, in Stadtkreisen der Ortspolizeibehörde, zu beantragen. Mit dem Antrage ist ein Plan vorzulegen und darin nachzuweisen, in welcher Art die Gemeinde-, Kirchen- und Schulverhältnisse der Kolonie geordnet werden sollen.

§. 19.

Die Genehmigung zur Anlegung einer Kolonie kann versagt werden, wenn und so lange die Gemeinde-, Kirchen- und Schulverhältnisse nicht dem öffentlichen Interesse und den bestehenden gesetzlichen und statutarischen Bestimmungen gemäß geordnet sind. Im Uebrigen finden die Bestimmungen der §§. 14. bis 17. mit der Maßgabe Anwendung, daß die in den §§. 16. 17. der Ortspolizeibehörde beigelegten Befugnisse für Landkreise von dem Kreisausschusse wahrzunehmen sind und gegen den vom Kreisausschuß ergangenen Bescheid innerhalb der im §. 17. bestimmten Frist der Einspruch auf mündliche Verhandlung im Streitverfahren stattfindet.

§. 20.

Wer vor Ertheilung der vorgeschriebenen Genehmigung mit einer neuen Ansiedelung oder der Anlegung einer Kolonie beginnt, wird mit Geldstrafe bis Einhundertundfünfzig Mark oder Haft bestraft. Auch kann die Ortspolizeibehörde die Weiterführung der Ansiedelung oder Kolonie verhindern und die Wegschaffung der errichteten Anlagen anordnen.

III. Schluß- und Uebergangsbestimmungen.

§. 21.

Das Verfahren nach diesem Gesetze, einschließlich der ertheilten Genehmigungen, ist stempelfrei.

[§. 22.

In denjenigen Städten, welche nach Maßgabe ergehender Gesetze von der Zuständigkeit des Kreisausschusses in Angelegenheiten der allgemeinen Landesverwaltung ausgenommen werden, tritt an die Stelle des Kreisausschusses in den Fällen der §§. 9. 11. und 17. dieses Gesetzes das Bezirksverwaltungsgericht, in den Fällen der §§. 18. und 19. die Ortspolizeibehörde.

§. 23.

In den Provinzen Posen und Westfalen werden bis zur Einrichtung von Kreisausschüssen und Bezirksverwaltungsgerichten die in diesem Gesetze dem Kreisausschusse beigelegten Befugnisse von dem Landrathe und die Befugnisse des Bezirksverwaltungsgerichts von der Bezirksregierung wahrgenommen.

Hinsichtlich des Verfahrens, der Rechtsmittel und der Fristen zur Einlegung der Rechtsmittel finden die Vorschriften des Gesetzes vom 3. Juli 1875., betreffend die Verfassung der Verwaltungsgerichte und das Verwaltungsstreitverfahren (Gesetz-Samml. S. 375.), entsprechende Anwendung.

Das Oberverwaltungsgericht entscheidet auf die Berufung gegen die von den Bezirksregierungen in erster Instanz, sowie auf das Rechtsmittel der Revision gegen die von den Bezirksregierungen in zweiter Instanz erlassenen Endurtheile.]

§. 24.

Das gegenwärtige Gesetz tritt mit dem 1. Januar 1877. in Kraft. Von diesem Zeitpunkte ab sind aufgehoben:

das Gesetz vom 3. Januar 1845., betreffend die Zertheilung von Grundstücken und die Gründung neuer Ansiedelungen (Gesetz-Samml. S. 25.), die dasselbe ergänzenden Gesetze vom 24. Februar 1850. (Gesetz-Samml. S. 68.) und vom 24. Mai 1853. (Gesetz-Samml. S. 241.), das Gesetz vom 26. Mai 1856., betreffend die Zertheilung von Grundstücken und die Gründung neuer Ansiedelungen in Neuvorpommern und Rügen (Gesetz-Samml. S. 613.), §. 135. Nr. VII. und VIII. der Kreisordnung vom 13. Dezember 1872. und die Verordnung vom 11. Juli 1845., betreffend die neuen Ansiedelungen in der Provinz Westfalen (Gesetz-Samml. S. 496.).

Diejenigen anderweiten Bestimmungen, welche die Errichtung von Gebäuden in der Nähe von Forsten, Eisenbahnen, Chausseen, öffentlichen Gewässern, Strömen, Kanälen, Deichen, Bergwerken, Pulvermagazinen und anderen Anlagen polizeilichen Beschränkungen unterwerfen, werden von dem gegenwärtigen Gesetze nicht berührt.

§. 25.

Die §§. 1. bis 12. bleiben für die Provinz Westfalen außer Anwendung.

§. 26.

Der Finanzminister, der Minister des Innern, der Minister der geistlichen, Unterrichts- und Medizinal-Angelegenheiten und der Minister für die landwirthschaftlichen Angelegenheiten sind mit der Ausführung dieses Gesetzes beauftragt und erlassen die erforderlichen Anordnungen und Instruktionen.

Urkundlich unter Unserer Höchsteigenhändigen Unterschrift und beigedrucktem Königlichen Insiegel.

Gegeben Schloß Babelsberg, den 25. August 1876.

(L. S.) **Wilhelm.**

Leonhardt. Falk. v. Kameke. Achenbach.
Friedenthal. v. Bülow

III.

Erläuterungen.

Zur Ueberschrift des Gesetzes.

1. Das Gesetz vom 25. August 1876 ist an die Stelle derjenigen Gesetze und Vorschriften getreten, welche der §. 24 aufführt, und gilt demgemäß, wie dies seine Ueberschrift besagt, in den Provinzen Preußen (Ost- und Westpreußen), Brandenburg, Pommern, Posen, Schlesien, Sachsen und Westfalen. Für Letzteres bleiben jedoch nach §. 25 die §§. 1 bis 12, welche die Vertheilung der öffentlichen Lasten bei Grundstückstheilungen behandeln, außer Anwendung. Es beruht dies darauf, daß sich in der Provinz Westfalen die Regulirung der öffentlichen Lasten bei Grundstückstheilungen auch ohne besondere gesetzliche Bestimmungen in einer Weise gestaltet hat, bei welcher das öffentliche Interesse hinreichend gewahrt ist. Die Gemeindelasten werden dort regelmäßig nach dem Maßstabe der direkten Staatssteuern aufgebracht, der eine besondere Regulirung bei Grundstückstheilungen entbehrlich macht. Die auf Grund der Gesetze vom 2. März 1850 festgesetzten Renten vertheilt die Rentenbank-Direction durch Vermittlung der Amtmänner. Sonstige dingliche Lasten öffentlichrechtlicher Natur kommen nur vereinzelt vor. Wo dies ausnahmsweise noch der Fall ist, bleibt die Regulirung der Vereinbarung zwischen den Betheiligten überlassen, die dann häufig zur Ablösung führt. Ein Bedürfniß nach gesetzlicher Abänderung dieses Zustandes lag daher bei Erlaß des Ansiedelungsgesetzes nicht vor; ein auf der

gegentheiligen Ansicht beruhender Antrag des Abgeordneten Windhorst (Bielefeld) auf Streichung des §. 25 wurde vom A. H. abgelehnt, nachdem der Regierungsvertreter das Bedürfniß zur Ausdehnung der fraglichen Vorschriften auf Westfalen nochmals in Abrede gestellt und darauf hingewiesen hatte, daß der Antrag auch insofern der Tendenz der Vorlage widerspreche, als derselbe für Westfalen keineswegs eine Vereinfachung des Abgabenvertheilungsverfahrens zur Folge haben würde (Motive A. H. Aktenst. Nr. 47 S. 487 und Verh. d. A. H. 1876 S. 1269).

Die Staatsregierung hatte aus formellen Gründen beabsichtigt, auch denjenigen Theil des Gesetzes, welcher über die Gründung neuer Ansiedelungen Bestimmung trifft, auf die östlichen Provinzen zu beschränken und für die Provinz Westfalen, in welcher die Gründung neuer Ansiedelungen durch die Verordnung vom 11. Juli 1845 (Ges.-S. S. 496) im Wesentlichen nach denselben Normen wie in den östlichen Provinzen geregelt war, demnächst ein an Stelle der gedachten Verordnung tretendes Spezialgesetz zu erlassen. Die Kommission des A. H. hielt es jedoch für geboten, die Ansiedeler in Westfalen denjenigen in den östlichen Provinzen gleich zu stellen; sie beschloß daher ohne Widerspruch Seitens der Vertreter der Staatsregierung die Bestimmungen des Entwurfs über Gründung neuer Ansiedelungen auch in Westfalen einzuführen und die Verordnung vom 11. Juli 1845 aufzuheben. Den aus diesem Beschlusse sich ergebenden Abänderungen hat das A. H. demnächst zugestimmt (Motive a. a. O. S. 487, Aktenstücke d. A. H. 1876 Nr. 143).

Für die Rheinprovinz und die Hohenzollerschen Lande, wo schon seit langer Zeit Parzellirungsfreiheit und damit im Zusammenhange eine große Beweglichkeit und Zersplitterung des Grundbesitzes herrschte und wo gesetzliche Bestimmungen nach Art der im Gesetze vom 3. Januar 1845 enthaltenen niemals bestanden haben (vgl. Einleitung S. 1) konnte die Einführung solcher bei Erlaß des Gesetzes vom 25. August 1876 nicht in Frage kommen.

In den im Jahre 1866 erworbenen Landestheilen lagen die Verhältnisse ähnlich wie in der Rheinprovinz. Die Staatsregierung glaubte deshalb von einer Ausdehnung des Gesetzes auf die Provinzen Hannover, Schleswig-Holstein und Hessen-Nassau um so mehr absehen zu müssen, als in denselben die Regulirung der Grund- und Gebäudesteuer, welche den Maßstab für die Vertheilung der übrigen Lasten bilden sollte, noch nicht beendet und die Einsetzung derjenigen Organe der Selbstverwaltung, deren Mitwirkung das Gesetz in Anspruch nimmt, noch nicht erfolgt war. Im Laufe der Zeit hat sich jedoch auch für Hannover, wo die freie Veräußerung des bäuerlichen Grundeigenthums inzwischen geltendes Recht geworden und ein großer Theil der noch unkultivirten Haide- und Moorflächen durch umfassende Kanalanlagen für eine intensive und nachhaltige Kultur erschlossen worden war, sowie für Schleswig-Holstein ein Bedürfniß zum Erlaß gesetzlicher Bestimmungen über die Lastenvertheilung bei Dismembrationen und über die Gründung neuer Ansiedelungen fühlbar gemacht. Ebenso ist in der Provinz Hessen-Nassau, in deren ehemals nassauischen Landestheilen gesetzliche Beschränkungen der Ansiedelungsfreiheit, — abgesehen von den Bestimmungen des Straßen- und Baufluchtliniengesetzes vom 2. Juli 1875 sowie des Feld- und Forstpolizeigesetzes vom 1. April 1880 — überhaupt nicht bestanden, das Bedürfniß nach Einführung besonderer gesetzlicher Vorschriften über die Gründung von Ansiedlungen hervorgetreten. Es sind deshalb für Hannover, Schleswig-Holstein und Hessen-Nassau die Gesetze, betr. die Vertheilung der öffentlichen Lasten bei Grundstückstheilungen und die Gründung neuer Ansiedelungen in der Provinz Hannover, bezw. in der Provinz Schleswig-Holstein, vom 4. Juli 1887 bezw. vom 13. Juni 1888 (Ges.-S. S. 1887 S. 324 und 1888 S. 243) und das Gesetz, betr. die Gründung neuer Ansiedelungen in der Provinz Hessen-Nassau, vom 11. Juni 1890 (Ges.-S. S. 173) ergangen. Dieselben schließen sich dem Gesetze vom 25. August 1876 an und enthalten nur einige wesentliche Abweichungen, welche in den nachstehenden Erläuterungen bei den betreffenden Paragraphen kurz erörtert worden sind (vgl. im Sachregister unter Hannover, Schleswig-Holstein und Hessen-Nassau).

Für Lauenburg sind die Gesetze vom 4. November 1874, betr.

die Gründung neuer Ansiedelungen, und vom 22. Januar 1876, betr. die Vertheilung der öffentlichen Lasten bei Grundstücksthei- lungen, erlassen worden, welche hinsichtlich der Zuständigkeit durch die §§. 148 und 149 des Zuständigkeitsgesetzes Abänderungen er- litten haben.

2. Das Gesetz zerfällt, abgesehen von den Schluß- und Ueber- gangsbestimmungen, in den §§. 21—25, in zwei Abschnitten, von welchen der erste — §§. 1—12 — die Vertheilung der öffentlichen Lasten bei Grundstückstheilungen, der zweite — §§. 13—20 — die Gründung neuer Ansiedelungen behandelt. Der erste Abschnitt bringt im Gegensatze zu dem das Gesetz vom 3. Januar 1845 beherr- schenden Prinzipe den zur Vereinfachung des Abgabenvertheilungs- verfahrens dienenden Grundsatz zur Anwendung, daß der Staat nur die an ihn selbst zu entrichtenden Abgaben durch seine Be- hörden regulirt, die Vertheilung der sonstigen öffentlichen Lasten dagegen den betheiligten Verbänden und Corporationen überläßt (vgl. Einl. S. 14 und die Anm. zum §. 1 S. 35).

Im zweiten Abschnitte kehrt das Gesetz zu den Grundsätzen der Reformgesetzgebung aus dem Anfange dieses Jahrhunderts, insbesondere des Landeskulturedicts vom 14. September 1811 zu- rück, indem es ein Recht zur Ansiedelung anerkennt, dieses Recht in seiner Ausübung von ungehörigen Erschwerungen befreit und dasselbe nur da einschränkt, wo der begründete Anspruch anderer berechtigter Interessen auf staatlichen Schutz dies erfordert. Es beseitigt namentlich alle aus persönlichen Gründen entnommenen Beschränkungen der Ansiedelungsfreiheit, insbesondere die in den §§. 25—27 des Gesetzes vom 3. Januar 1845 enthaltenen, und die mit den Grundsätzen des Freizügigkeitsgesetzes vom 1. No- vember 1867 nicht vereinbare Bestimmung des §. 11 des Gesetzes vom 24. Mai 1853, wonach dem Ansiedler der Beweis über den Besitz eines hinlänglichen Vermögens oblag, und, falls dieser Be- weis nicht erbracht wurde, der Gemeinde ein Widerspruchsrecht gegen die Ansiedelung zustand.

3. Das Gesetz behandelt im ersten Abschnitte, ebenso wie das Gesetz vom 3. Januar 1845, nur die Vertheilung der öffentlichen Lasten, also derjenigen, welche an den Staat, die Kirche, Pfarre,

Schule und Gemeinde aus dem Kirchen-, Pfarr-, Schul- und Gemeindeverbande sowie an andere der Aufsicht des Staats unterstellte Verbände zu entrichten sind. Es findet mithin auf die Vertheilung von Lasten privatrechtlicher Natur keine Anwendung. Ferner sind seine Bestimmungen nur bei Grundstücks theilungen anwendbar, d. h. in Fällen in welchen das steuerpflichtige Grundstück bestehen bleibt und nur an die Stelle des einen Eigenthümers mehrere treten. Wenn das steuerpflichtige Object ganz oder zum Theil untergeht, so erlischt die Steuerpflicht mit dem Untergange des Objectes. E. d. O. V. G. vom 3. Januar 1885 (Entsch. XI S. 183).

4. Das Gesetz vom 3. Januar 1845 enthielt in den §§. 1—7 erschwerende Bestimmungen über die Form der Parzellirungsverträge, die Abschreibung der Trennstücke und die Berichtigung des Besitztitels, welche das Gesetz vom 24. Februar 1850 zum Theil aufhob, das Gesetz vom 24. Mai 1853 aber wiederherstellte. Diese Vorschriften sind mit Ausnahme der durch die §§. 6—9 des letzterwähnten Gesetzes verordneten, bereits durch das Gesetz vom 5. Mai 1872 über die Form der Verträge, durch welche Grundstücke zertheilt werden (Ges.-S. S. 508) und durch das Gesetz über den Eigenthumserwerb 2c. von demselben Tage (Ges.-S. S. 433), bezw. für Neuvorpommern und Rügen, wo das Gesetz vom 26. Mai 1856 (Ges.-S. S. 613) ebenfalls erschwerende Bestimmungen eingeführt hatte, durch das Gesetz über das Grundbuchwesen vom 26. Mai 1873 (Ges.-S. S. 229) aufgehoben worden. Das Gesetz vom 25. August 1876 hat auch die Beschränkungen der §§. 6—9 a. a. O., nach welchen Grundstückstheilungen, die im Wege des öffentlichen Aufgebotes und der meistbietenden Versteigerung unternommen werden, bei Vermeidung einer Geldbuße bis zu 200 Thalern nur nach vorschriftsmäßiger Regulirung der öffentlichen Lasten, nach Bekanntmachung des Regulirungsplanes an die Kauflustigen und unter Zuziehung eines Richters vor sich gehen durften, außer Kraft gesetzt. Die Aufhebung dieser Bestimmungen war schon aus dem Grunde geboten, weil die Voraussetzung derselben, daß das Eigenthum an den versteigerten Grundstücken durch die Versteigerung übertragen werde, nach den §§. 1

und 5 des Gesetzes über den Eigenthumserwerb vom 5. Mai 1872 bei freiwilligen Versteigerungen nicht mehr zutrifft (vgl. Motive a. a. O. S. 490).

Zu §. 1.

Der §. 1 bestimmt diejenigen Fälle, in welchen die Vertheilung der öffentlichen Lasten bei Grundstückstheilungen nicht den Vorschriften des Gesetzes unterliegt, und bezeichnet als solche: a. die Vertheilung der öffentlichen Lasten, welche bei gutsherrlich-bäuerlichen Regulirungen, Gemeinheitstheilungen und Ablösungen erforderlich wird, b. die Vertheilung der Grundsteuer und c. die Vertheilung der zu Zwecken der Deich-, Meliorations-, Waldgenossenschafts- und ähnlicher Verbände aufzubringender Abgaben und Leistungen.

Die Vertheilung der unter a angegebenen Lasten gehörte schon nach den §§. 4 und 43 der Verordnung vom 20. Juni 1817 wegen Organisation der Generalkommissionen und Revisionskollegien (Ges.-S. S. 161) zur Kompetenz der Auseinandersetzungsbehörden und war es dabei auch nach §. 8 Abs. 3 des Gesetzes vom 3. Januar 1845 verblieben (vgl. die M. E. vom 5. Juli 1845 und 12. Januar M. Bl. 1848 S. 178 und 1848 S. 23). Eine Aenderung in den Ressortverhältnissen und in den für das Verfahren der Auseinandersetzungsbehörden bestehenden besonderen Vorschriften bei Erlaß des Gesetzes vom 25. August 1876 zu treffen, erschien weder erforderlich noch zweckmäßig.

Hinsichtlich der Vertheilung der Grundsteuer verordnet der §. 35 Abs. 4 des Gesetzes, betreffend die definitive Untervertheilung und Erhebung der Grundsteuer in den sechs östlichen Provinzen des Staats ꝛc., vom 8. Februar 1867 (Ges.-S. S. 185) Folgendes:

„Die Feststellung und Fortschreibung der Grundsteuer bei Dismembrationen und Gründung neuer Ansiedlungen erfolgt fortan, unabhängig von der Regulirung der sonstigen öffentlichen Lasten und Abgaben, besonders durch den Fortschreibungs-Beamten unter Bestätigung der Bezirksregierung. Die entgegenstehenden Vorschriften der Gesetze vom

3. Januar 1845 (Ges.-S. S. 25) und vom 26. Mai 1856 (Ges.-S. S. 613) werden hiermit aufgehoben."

Das Gesetz hat es nicht nur bei dieser Vorschrift belassen, sondern auch die Vertheilung der Renten demselben Verfahren unterworfen.

Die Bestimmungen des zweiten Absatzes entspringen dem bereits in der Anm. 2 S. 32 hervorgehobenen Grundsatze des Gesetzes, daß der Staat nur die an ihn selbst zu entrichtenden Abgaben von Amtswegen durch seine Behörden regulirt, die Vertheilung der sonstigen öffentlichen Lasten dagegen den betheiligten Verbänden und Korporationen überläßt. „Die Vertheilung der an Deich-, Meliorations- und andere wirthschaftliche Verbände zu entrichtenden Lasten, soweit sie die Natur öffentlicher Lasten haben und daher dem Gesetze vom 3. Januar 1845 unterworfen sind, ist durch die unter staatlicher Autorität nach feststehenden Normen erlassenen Statuten der betheiligten Verbände geregelt (vgl. §. 7 der Normalbestimmungen für Deichstatute vom 14. November 1853 — Ges.-S. S. 934 —, §. 28 [richtiger wohl §. 29] des Gesetzes, betreffend Schutzwaldungen und Waldgenossenschaften vom 6. Juli 1875 — Ges.-S. S. 416 —). Die Verbände sind an der ordnungsmäßigen Vertheilung der Verbandslasten in erster Linie interessirt. Sie besitzen für diese Vertheilung und für die Entscheidung der dabei entstehenden Streitigkeiten geordnete Organe. Es ist daher unbedenklich, ihnen die Regulirung selbst zu überlassen. Eine ausdrückliche Bestimmung in diesem Sinne in den Entwurf aufzunehmen erschien mit Rücksicht auf die seitherigen gesetzlichen Vorschriften (§. 7 Nr. 1 des Gesetzes vom 3. Januar 1845) zweckmäßig" (Motive a. a. O. S. 493).

Der §. 7 Abs. 5 der oben angezogenen allgemeinen Bestimmungen für künftig zu erlassende Deichstatuten lautet:

> „Bei vorkommenden Parzellirungen müssen die Deichlasten auf die Trennstücke verhältnißmäßig repartirt werden. Auch die kleinste Parzelle zahlt mindestens Einen Pfennig jährlich."

während der §. 29 Abs. 1 und 2 des Waldschutzgesetzes vom 6. Juli 1875 bestimmt:

„Die Beitragspflicht zu den Genossenschaftslasten ruht auf den zur Genossenschaft gehörigen Grundstücken und ist den öffentlichen gemeinen Lasten gleich zu achten.

Bei Parzellirungen müssen die Genossenschaftslasten auf alle Trennstücke verhältnißmäßig vertheilt werden."

Vgl. auch §. 52 Abs. 4 des Gesetzes, betreffend die Bildung von Wassergenossenschaften, vom 1. April 1879 (Ges.-S. S. 297):

„Bei Parzellirungen von Grundstücken, welche der Genossenschaft angeschlossen sind, müssen die Genossenschaftslasten auf alle Trennstücke verhältnißmäßig vertheilt werden."

Zu §. 2.

1. Der §. 2 grenzt das sachliche Gebiet ab, auf welches sich der erste Abschnitt des Gesetzes beziehen soll, und bezeichnet als diejenigen öffentlichen Lasten, welche der Vertheilung nach dem Gesetze unterliegen: a) die den Königlichen Rentenbanken und Tilgungskassen, sowie dem Domänenfiskus zustehenden Renten und b) vorbehaltlich der Bestimmungen im §. 10 die aus dem Kirchen-, Pfarr-, Schul- und Gemeindeverbande entspringenden Abgaben und Leistungen, sofern solche auf dem Grundbesitz haften oder mit Rücksicht auf den Grundbesitz zu entrichten sind.

Bezüglich der Abgaben zu b hätte nach dem obigen Grundsatze (vgl. die Anm. zum §. 1) die völlig selbstständige Regulirung derselben durch die betheiligten Verbände in Frage kommen können. Die Motive (a. a. O. S. 493) bemerken hierzu Folgendes:

„Die Vertheilung der an die kirchlichen Institute und die ländlichen Gemeinden zu entrichtenden Abgaben und Leistungen ohne weitere Regelung des Verfahrens den betheiligten Verbänden anheimzugeben, kann nicht empfohlen werden. Denselben würde der Anhalt fehlen, welchen die gleichartigen Verbände innerhalb der dem Gesetze vom 3. Januar 1845 nicht unterworfenen Landestheile in dem Herkommen und die Deichgenossenschaften in ihren Statuten besitzen. Ferner liegen in den östlichen Provinzen die

Verhältnisse hinsichtlich der gedachten Lasten häufig nicht so einfach, als es bei den meist in barem Gelde und nach einem feststehenden Maßstabe aufzubringenden Deich- und ähnlichen Beiträgen der Fall ist. Endlich ist das allgemeine staatliche Interesse an der unverkürzten Erhaltung und der angemessenen Regulirung der ersteren Lasten näher betheiligt. Aus diesen Gründen ist in dem Entwurfe für die Vertheilung derselben ein bestimmter Maßstab, nämlich der auch für die Vertheilung der Renten zur Anwendung kommende Maßstab der Grund- und Gebäudesteuer vorgeschrieben und für die Entscheidung von Beschwerden durch dazu geeignete Instanzen Fürsorge getroffen (§§. 8 ff. des Entwurfs, §§. 7 ff des Gesetzes). Mit diesen Maßgaben aber kann die Vertheilung auch hier sehr wohl den Verbandsorganen übertragen werden, welche das nächste Interesse an der ungeschmälerten Konservirung der Leistungen und die nächste Pflicht zur Uebernahme der mit der Vertheilung verbundenen Arbeit haben... Der Regulirung der Gemeindelasten haben die Gemeindevorsteher thatsächlich schon bisher in vielen Fällen, in denen das Abgabenvertheilungsverfahren sich wegen anderweiter Umstände verzögerte, sich zur Zufriedenheit der Interessenten unterzogen."

2. Da im gewöhnlichen Sprachgebrauche mit dem Worte „Renten" alle regelmäßig wiederkehrenden Leistungen von bestimmten Quantitäten Geld oder Naturalien bezeichnet werden, so ist es fraglich, ob unter den dem Domänenfiskus zustehenden „Renten" nicht feste Geldabgaben jeder Art zu verstehen sind. Diese Frage muß jedoch verneint werden. Zunächst bezieht sich das Gesetz nur auf öffentliche Lasten, zu welchen die Domänenamortisationsrenten (§§. 64, 18 und 20 des Rentenbankgesetzes vom 2. März 1850), nicht aber Domänenzinsen und Domänenrenten im Allgemeinen gehören. Sodann sollte nach dem von der Staatsregierung vorgelegten Entwurfe der §. 2 in seinem Eingange folgenden Wortlaut erhalten:

> „Der Vertheilung nach diesem Gesetze unterliegen nur die auf Grund des Gesetzes vom 2. März 1850 (Ges.-S. S. 112) zu entrichtenden Renten."

Die Kommission des A. H. hielt jedoch diese Fassung nicht

für genau zutreffend, da bei derselben die an die Tilgungskassen zu Paderborn, Arnsberg und Heiligenstadt (vgl. das Reglement vom 8. August 1836, Kab.Ordre vom 20. September 1836; Gesetz vom 22. Dezember 1839; Reglement vom 9. April 1845 und Kab. Ordre vom 18. April 1845 bei Lette und v. Rönne, die Landeskulturgesetzgebung des Preußischen Staats 1853 Band I S. 744 ff.) sowie die nach dem Gesetz vom 27. April 1872 (Ges.-S. S. 417) zu entrichtenden Renten unberücksichtigt bleiben würden. Ihre hierauf bezüglichen Erörterungen sind dahin zusammengefaßt:

„Demnach können auf Grundstücken vorkommen:

a) Renten, welche an die obengedachten Tilgungskassen zu entrichten sind,

b) Renten, welche von der Provinzial-Rentenbanken von vornherein erworben sind, und

c) Renten, welche dem Domänenfiskus zustehen.

Und diese Renten haben ihren Grund in den bezeichneten Gesetzen über die Tilgungskassen, im Rentenbankgesetz vom 2. März 1850, im Gesetz vom 27. April 1872 und in den einzelnen Ablösungs Recessen."

Sie schlug deshalb unter Zustimmung der Staatsregierung und demnächstiger Genehmigung des Landtags diejenige Fassung des §. 2 vor, die derselbe gegenwärtig im Gesetze hat (vgl. Aktenstücke des A. H. 1876 Bd. I Nr. 47 und Bd. II Nr. 143 S. 994). Aus diesem Vorgange, insbesondere aus der Bezugnahme auf das Rentenbankgesetz und aus der Gleichstellung der Domänenrenten mit den Renten der Rentenbanken und Tilgungskassen, muß gefolgert werden, daß die Bestimmungen des Gesetzes auf Domänenrenten nur insoweit Anwendung finden, als dieselben sogenannte Amortisationsrenten sind: vgl. den Bescheid des Oberlandeskulturgerichts in der Zeitschrift für Landeskultur-Gesetzgebung Band 29 S. 138 und die der Anweisung vom 10. März 1877 beigefügten Formulare (M. Bl. S. 109 ff.), welche ergeben, daß die Anweisung unter den dem Domänenfiskus zustehenden Renten ebenfalls nur Amortisationsrenten versteht.

Die Vertheilung von Domänenrenten, welche nicht Amortisationsrenten sind, liegt daher den Auseinandersetzungsbehörden ob. (§. 93 des Gesetzes, betreffend die Ablösung der Reallasten vom 2. März 1850 [Ges.=S. S. 77] und §. 66 der Grundbuch=Ordnung vom 5. Mai 1872 (Ges.=S. S. 446). Vgl. im Uebrigen das Rentenbankgesetz vom 2. März 1850 (Ges.=S. S. 112), das Gesetz vom 23. April 1872, betreffend die Ablösung der den geistlichen und Schulinstituten, sowie den frommen und milden Stiftungen rc. zustehenden Realberechtigungen (Ges.=S. S. 417) und wegen der den Tilgungskassen zustehenden Renten die oben angezogenen Reglements rc. bei Lette und von Rönne a. a. O., sowie die Ministerial=Bekanntmachung vom 17. September 1851 (M. Bl. S. 206).

3. Das Gesetz bezieht sich nur auf solche aus dem Kirchen= Pfarr=, Schul= und Gemeinde=Verbande entspringende Abgaben und Leistungen, welche „auf dem Grundbesitz haften oder mit Rücksicht auf den Grundbesitz zu entrichten sind“. Aus den Bestimmungen des §. 2 ist jedoch ebensowenig wie aus dem §. 7 des Gesetzes vom 3. Januar 1845 zu entnehmen, bei welchen Abgaben und Leistungen diese Voraussetzung zutrifft. Die Frage, ob eine Abgabe dinglicher oder persönlicher Natur ist, kann daher nicht aus dem Gesetze vom 25. August 1876, sondern nur nach allgemeinen Grundsätzen, nach der Ortsverfassung, dem Herkommen u. s. w. beantwortet werden (vgl. Rescript des M. d. J. vom 5. Juli 1845, M. Bl. 1845 S. 173). Wenn das Gesetz demnach auf Abgaben persönlicher Natur keine Anwendung findet, so trifft es andererseits nicht nur die auf dem Grund und Boden ruhenden, sondern auch diejenigen Lasten, welche in so naher Verbindung mit dem Grundstücksbesitze stehen, daß sich ihre Uebertragung nach Fläche und Ertragswerth der Grundstücke richtet; vgl. das eben angezogene M. R. und daß Erkenntniß des O. V. G. vom 3. November 1880 — Entsch. IV S. 194 —: „Der Vorderrichter macht sich eines Rechtsirrthums nicht schuldig, wenn er seine Entscheidung auf den Satz gründet, daß nach Vorschrift des §. 2 des Gesetzes, betreffend die Vertheilung der öffentlichen Lasten rc, vom 25. August 1876, alle Theilstücke eines dismembrirten Grundstücks nicht nur für die auf Letzterem ruhenden

eigentlichen Reallasten, sondern auch für diejenigen öffentlichen Lasten, welche in Rücksicht auf dessen Besitz entrichtet werden müssen, so lange solidarisch haften bleiben, als nicht in Gemäßheit des Gesetzes die Vertheilung der Lasten stattgefunden hat."

4. In der Praxis war es streitig geworden, ob die Theilung der öffentlichen Abgaben und Lasten unmittelbar mit dem Abschlusse des Dismembrationsvertrages eintritt oder ob die Theilstücke bis zur vorschriftsmäßigen Regulirung der Abgaben-Verhältnisse für die bisherigen Lasten der ungetheilten Grundstücke in solidum verhaftet bleiben. Das Gesetz hat im §. 2 Abs. 2, ebenso wie der §. 24 des Gesetzes vom 3. Januar 1845, zu Gunsten der letzteren Alternative entschieden. Dies entspricht auch dem Prinzipe der im Preußischen Rechte für die Privatreallasten und Hypotheken anerkanten Untheilbarkeit des Pfandrechts, aus welcher folgt, daß eine dingliche Last die verpflichtete Sache in ihrer Totalität, d. h. in allen ihren Theilen erfaßt und daß bei einer Zerlegung des Grundstücks bis zur endgültigen und wirksamen Vertheilung der Verpflichtungen auf die Einzeltheile alle Einzelstücke solidarisch verhaftet bleiben (vgl. z. B. A. L. R. I 20, §§ 443, 467; Gesetz, betreffend die Ablösung der Reallasten, vom 2. März 1850 §§. 91, 93 [Ges.-S. S. 77]; §. 65 der Grundbuchordnung vom 5. Mai 1872 [Ges.-S. S. 446] und Theorie und Praxis des heutigen gemeinen Preußischen Privatrechts von Förster-Eccius V. Auflage, Band 3 §. 190 S. 433). In dieser Wirkung der Abgabenregulirung liegt zugleich ein Antrieb für die Theilstücksbesitzer, die Regulirung zu betreiben, da deren Unterbleiben nur ihnen selbst, nicht aber den Berechtigten zum Nachtheil gereichen kann (vgl. Motive a. a. O. S. 496).

Aus dem Prinzipe der Untheilbarkeit des Pfandrechts ergiebt sich, daß die im Abgabenvertheilungsplane nicht einem anderen Trennstückserwerber auferlegten Lasten nicht — wie dies in der Praxis häufig angenommen wird — auf dem Stammhofe allein haften bleiben. „Denn nach §. 24 des Gesetzes über die Zertheilung von Grundstücken vom 3. Januar 1845, mit welchem der §. 2, letzter Absatz, des Gesetzes über die Vertheilung der öffentlichen Lasten vom 25. August 1876 auf gleichem Rechtsboden steht, bleiben, so lange eine Regulirung noch nicht erfolgt ist, alle Trennstücke für sämmtliche Abgaben und Leistungen solidarisch verhaftet, welche dem ganzen Grundstücke oblagen oder mit Rücksicht auf dessen Besitz entrichtet werden mußten. Immerhin erwächst indeß dem in Anspruch genommenen Kläger aus der Mithaft der übrigen Parzellenbesitzer der Gemeinde gegenüber kein Recht auf Befreiung nach Maßgabe seines Minderbesitzes." Erk. des O. V. G. vom 12. Juni 1880 (Entsch. VII S. 190); vgl. Pr. V. Bl. VI S. 267.

5. In dem von der Staatsregierung vorgelegten Entwurfe lautete der Eingang des zweiten Absatzes im § 2: „Sobald die Vertheilung nach diesem Gesetze u. s. w." Die jetzige Fassung — eine Vertheilung — beruht auf einem unter Zustimmung des Vertreters der Staatsregierung von beiden Häusern des Landtags angenommenen Abänderungsantrage des Herrenhausmitgliedes von Kleist-Retzow. Derselbe begründete seinen Antrag damit, daß die Fassung des Entwurfs das Mißverständniß hervorrufen könne, daß Gesetz fordere eine einheitliche Vertheilung und die Befreiung von den Lasten solle erst dann eintreten, wenn diese Vertheilung im Ganzen vorgenommen worden sei. Die Absicht des Entwurfs gehe aber offenbar dahin, daß, sobald in dem einzelnen Verfahren bezüglich der einzelnen Lasten eine endgültige Festsetzung stattgefunden habe, alsdann rücksichtlich dieser Lasten eine Nachforderung nicht eintreten könne. Dies gelange aber deutlicher zum Ausdruck, wenn das Wort „die" in „eine" verwandelt werde: „sobald eine Vertheilung nach diesem Gesetze stattgefunden hat" (vgl. Aktenstücke d. A. H. 1876 Nr. 47, Verhandlungen des HH. 1876 S. 279 und Aktenstücke des H. H. Nr. 106). Das Trennstück scheidet also aus der solidarischen Verhaftung für einzelne Lasten, z. B. Gemeindelasten, aus, sobald für diese spezielle Lastenart die Vertheilung in endgültiger Weise bewirkt worden ist.

6. Nach §. 7 des Gesetzes vom 3. Januar 1845 sollten in jedem Dismembrationsfalle auch die das zertheilte Grundstück betreffenden und auf dessen Besitz sich gründenden Kommunal- und Sozietätsverhältnisse definitiv oder interimistisch regulirt werden. „Die Ausführung dieser Bestimmung erforderte in

jedem Falle eine Erörterung über den gesammten Inhalt der Ortsverfassung, um danach die Verhältnisse der Trennstückserwerber und des Restgutsbesitzers in Bezug auf Stimmrecht, Theilnahme an den Gemeindenutzungen u. s. w. zu bestimmen. Der Zweck, Klarheit in die Gemeindeverhältnisse zu bringen, ist hierdurch nicht erreicht worden. Vielmehr ist aus denselben Gründen wie bei der Neubildung von Besitzklassen vielfach das Gegentheil eingetreten. Nachdem durch das Gesetz v. 14. April 1856 der Weg zur Verbesserung dunkler und unzweckmäßiger Gemeindeverfassungen anderweit geordnet ist (§§. 3 ff.), erscheint es nicht mehr rathsam, die Verbindung derartiger Regelungen mit der Abgabenvertheilung bestehen zu lassen." (Motive a. a. O. S. 494.)

Zu §. 3.

Der §. 3 enthält die Bestimmungen über den Vertheilungsmaßstab und ordnet an, daß die Vertheilung in der Regel nach dem Maßstabe der Grund- und Gebäudesteuer zu bewirken ist. Die Motive (a. a. O. S. 496) bemerken hierzu Folgendes:

„Das Gesetz v. 3. Januar 1845 bestimmt als Maßstab für die Vertheilung der öffentlichen Lasten mit Ausschluß der Grundsteuer, hinsichtlich deren es bei den bestehenden Grundsätzen verbleiben soll, den Ertragswerth oder den Flächenraum.

Zur Ermittelung des Ertragswerthes boten sich nach Ausführung der Gesetze vom 21. Mai 1861 die Resultate der Grund- und Gebäudesteuerveranlagung als zuverlässige Grundlage dar. Als solche werden sie seitdem durchgängig benutzt und zwar ist in der Ministerialinstanz darauf gehalten worden, daß nicht der Grundsteuerreinertrag und der Gebäudesteuer-Nutzungswerth, sondern die Grund- und Gebäudesteuerbeträge zum Maßstab genommen werden. Der Gebäudesteuer-Nutzungswerth stellt nämlich den Rohertrag dar (§§. 5—7 des Gesetzes v. 21. Mai 1861 — Ges.-S. S. 317 —) und benachtheiligt daher, wenn er neben dem Gebäudesteuerreinertrag als Maßstab dient, die Gebäudebesitzer. Die Grundsteuer dagegen, welche nach dem Gesammtergebnisse der Veranlagung (§. 1 der Verordnung v. 12. Dezember 1864 Ges.-S. S. 73) 9,57 Prozent des Reinertrages und die Gebäudesteuer, welche in der Regel 4 Prozent des Rohertrages beträgt, (§. 5 des Gesetzes v. 21. Mai 1861 Ges.-S. S. 317) stehen in ungefähr gleichem Verhältnisse zu dem Ertragswerthe der Objecte, für welche sie zu entrichten sind. Demgemäß bezeichnet der Entwurf die Grund- und Gebäudesteuer als Maßstab für die Lastenvertheilung." Vgl. im Uebrigen §. 1 der als Anhang abgedruckten Ausführungsinstruction v. 10. März 1877.

2. Es liegt nicht in der Absicht des Gesetzes, daß an den Verhältnißzahlen, welche sich aus dem im §. 3 bestimmten Maßstabe ergeben, mit arithmetischer Genauigkeit festgehalten werde. Die zu den §§. 12 ff. des Gesetzes v. 3. Januar 1845 ergangenen Ministerial-Erlasse vom 30. Dezember 1847 (M. Bl. S. 24) und vom 23. Mai 1849 (M. Bl. S. 99) wiesen bereits die Behörden an, die Vertheilung der öffentlichen Lasten nach Verhältniß des Ertragswerthes oder Flächenraums der Parzellen mit einer Vertheilung der Naturalabgaben in nicht zu kleine Quantitäten in Uebereinstimmung zu bringen und von einer Vertheilung jeder einzelnen Abgabe auf jedes einzelne Trennstück insbesondere da abzusehen, wo sich hieraus sehr kleine, schwer einziehbare Theile von Naturalabgaben ergeben würden. Ein solches Verfahren wird auch durch die Fassung des §. 3 nicht ausgeschlossen (vgl. Motive a. a. O. S. 496 und §. 7 der Ausführungsinstruction).

3. Maßgebend für die Vertheilung ist der Werth des Grundstücks bezw. der Betrag der Grund- und Gebäudesteuer zur Zeit der Auflassungserklärung. Erlaß des Ministers für Landwirthschaft, Domänen und Forsten und des Finanzministers an die Rentenbank-Directionen vom 5. Mai 1882 (M. Bl. S. 167): „Aus Anlaß eines Spezialfalles ist uns die von der Königlichen Direction unterm 9. Juli 1880 an die Katasterämter der Provinz X erlassene Circularverfügung bekannt geworden, nach welcher auf das Datum der Auflassungserklärungen bei Parzellirungen für die Rentenvertheilungspläne nicht mehr Rücksicht genommen, vielmehr die neu ermittelte Gebäudesteuer vom 1. Januar 1880 ab als maßgebend angesehen werden soll. Diese Anordnung widerspricht der bisher von den Rentenbank-Directionen wie auch von den Regierungen bei Repartition der Domänenrenten befolgten

Praxis, nach welcher in der Regel für die Abgaben-Vertheilung im Falle einer Parzellirung der Werth des Grundstücks zur Zeit der Parzellirung als maßgebend erachtet worden ist, und kann überhaupt weder mit Rücksicht auf die allgemeinen Rechtsgrundsätze und die Natur der Sache, noch mit Rücksicht auf die für die meisten Landestheile geltenden Bestimmungen der §§. 1—12 des Gesetzes v. 25. August 1876 und die auf Grund derselben entstandene Praxis als richtig anerkannt werden."

4. Nach §. 11 des Gesetzes v. 3. Januar 1845 konnte in den über die Vertheilung der Grundsteuer bestehenden Grundsätzen durch Verabredungen der Parteien nichts geändert werden; dasselbe gilt nach den §§. 20 und 64 des Rentenbankgesetzes v. 2. März 1850 für die Vertheilung der Renten. Im Uebrigen verordnete der §. 18 des ersteren Gesetzes:

> „Verabredungen der Betheiligten über die Regulirung der in den §§. 12 bis 17 erwähnten öffentlichen Abgaben, Leistungen und Verhältnisse können von der Behörde bestätigt werden, insofern solche der Verfassung nicht entgegen sind und die nachhaltige Entrichtung gesichert ist."

Eine derartige Bestimmung ist in das Gesetz v. 25. August 1876 hauptsächlich aus dem Grunde nicht aufgenommen worden, weil dasselbe die Regulirung der im §. 7 bezeichneten Lasten nicht von Amtswegen bewirkt, sondern den betheiligten Verbänden überläßt. Dies konnte ohne Bedenken nur dann geschehen, wenn ein einfacher, leicht anwendbarer Vertheilungsmaßstab, wie ihn die Grund- und Gebäudesteuer bildet, bestimmt vorgeschrieben und die Anwendung desselben dem Belieben der Betheiligten entzogen wurde. Ohne eine solche feste Norm hätte den getroffenen Festsetzungen die Vollstreckbarkeit im Verwaltungswege (§. 12 des Gesetzes) nicht wohl eingeräumt werden können. Auch setzt die Bestimmung eines festen Vertheilungsmaßstabes die Parteien in den Stand, die auf jedes Theilstück fallenden Abgabenbeträge im Voraus zu übersehen und wünschenswerthe Ausgleichungen bei Abmessung des Kaufpreises oder durch andere Verabredungen außerhalb des Vertheilungsplanes vorzunehmen (Motive a. a. O. S. 497). Die die Vertheilung vornehmende

Behörde ist daher an Privatvereinbarungen der Betheiligten, durch welche ein anderer Maßstab festgesetzt wird, nicht gebunden, vielmehr sind derartige Vereinbarungen gleichwie sonstige in den Kaufverträgen bezüglich der Uebernahme der öffentlichen Lasten getroffene Verabredungen für die Vertheilung derselben durch die Behörde bedeutungslos. „Nur darin geht der Vorderrichter fehl, daß er zur Rechtfertigung seiner Entscheidung zugleich auf den Mangel einer desfallsigen Verabredung in den über die Parzellen des A.schen Hofes geschlossenen Kaufverträgen Bezug nimmt, in der Annahme, daß mit diesen Verabredungen der Abgabenvertheilungsplan nothwendig übereinstimmen mußte. Der in den Kaufverträgen beobachtete Mangel solcher Verabredungen mag wohl ins Gewicht fallen für die Auslegung und Deutung der in dem Abgabenregulirungsplane enthaltenen Festsetzungen. Die Regulirungsbehörde war aber keineswegs an diese Privatabreden gebunden." E. d. O.V.G. v. 6. October 1883 (Entsch. X S. 101). Die vorstehenden Ausführungen des O.V.G. beziehen sich zwar im Wesentlichen auf den §. 18 des Gesetzes v. 3. Januar 1845, sind aber im Hinblick auf die vorstehende Erörterung auch auf das Gesetz v. 25. August 1876 anwendbar; vgl. auch Entsch. Bd. VIII S. 150 ff. Die Kontrahenten selbst werden durch derartige in den Kauf-Verträgen getroffene Privatverabredungen untereinander gebunden, da die rechtliche Unzulässigkeit einer Verabredung der Interessenten, nach welcher der Eine sich dem Andern gegenüber verpflichtet, für denselben die Abgaben abzutragen und zu übernehmen, aus allgemeinen Rechtsgrundsätzen nicht hergeleitet werden kann; Entsch. d. O.Tr. Bd. 59 S. 267

5. Vgl. im Uebrigen zum §. 3 die §§. 2—8 der Ausführungsinstruction, welche insbesondere auch nähere Vorschriften für die Fälle des Absatzes 2 enthalten.

Zu §. 4.

1. Die §§. 4—6 regeln das Verfahren für die Rentenvertheilung. Während die Abgabenregulirung nach dem Gesetze v. 3. Januar 1845 im Uebrigen den Landräthen und Magistraten oblag (§. 8 a. a. O.), erfolgte die Feststellung und Fortschreibung

der Grundsteuer bei Dismembrationen und Gründung neuer Ansiedelungen schon nach dem Gesetz v. 8. Februar 1867 (Ges.=S. S. 185) unabhängig von der Regulirung der sonstigen öffentlichen Lasten und Abgaben durch die Fortschreibungsbeamten unter Bestätigung der Bezirksregierung (vgl. Anm. zum §. 1). Das Gesetz v. 25. August 1876 hat die Vertheilung der Renten demselben Verfahren unterworfen. Diese Bestimmung lag um so näher, als auch nach Vorschrift der §§. 2 und 64 des Gesetzes über die Errichtung von Rentenbanken (Ges.=S. S. 112) bei Zerstückelung rentenpflichtiger Grundstücke die gesetzlichen Bestimmungen über die Staatssteuern Anwendung finden sollen. Durch dieselbe ist nicht nur eine im Interesse der Staatsregierung liegende Entlastung der Landräthe von zeitraubenden Geschäften mechanischer Natur (Einl. S. 11), sondern auch eine Vereinfachung des ganzen Verfahrens herbeigeführt worden. Die vom Katasterkontroleur zum Zwecke der Grundsteuerfortschreibung vorgenommenen Verhandlungen, Ermittlungen, Vermessungen und Berechnungen lassen sich für die Rentenvertheilung, bei der es sich um dieselben Parteien und Grundstücke handelt, auf die einfachste Weise verwerthen. Entstehen in einzelnen Fällen, z. B. dadurch, daß sich die rentenpflichtigen Grundstücke nicht mit den grundsteuerpflichtigen decken, Schwierigkeiten, so bedarf es allerdings besonderer Ermittelungen, für welche jedoch der Katasterbeamte in Folge seiner sonstigen Berufsthätigkeit und Lokalkenntniß das geeignetste Organ ist.

2. Für die Rentenvertheilung ist von Seiten des Finanzministers und des Ministers für Landwirthschaft, Domänen und Forsten eine Spezialanweisung (vgl. §. 9 der Ausführungsinstruction und M. Bl. 1877 S. 107) erlassen worden, nach welcher sich das Verfahren im Wesentlichen folgendermaßen gestaltet:

Der Katastercontroleur hat diejenigen ihm Seitens der Grundbuchämter behufs der Fortschreibung der Grund= und Gebäudesteuerrollen zugehenden Eigenthumsveränderungslisten, welche Grundstückstheilungen (§. 1 des Gesetzes v. 5. Mai 1872 über die Form der Verträge, durch welche Grundstücke zertheilt werden, — Ges.=S. S. 508 —) enthalten, sobald der Inhalt derselben in das Grund- und Gebäudesteuer-Fortschreibungs-Protokoll übernommen ist, mit Benutzung des der Spezialanweisung beigefügten Formulars A der betreffenden Kreissteuerkasse zur Angabe darüber zugehen zu lassen, ob und welche Rentenbankrenten oder Domänenamortisations- bezw. Domänenrenten auf den zertheilten Grundstücken ruhen. Die Kreissteuerkasse hat die Angaben über die auf dem Grundstücke ruhenden Renten unter Benutzung des auf der Rückseite des Formulars abgedruckten Schemas im Anschlusse an die Vermerke des Rentenkatasters so erschöpfend mitzutheilen, daß Zweifeln über die Identität der rentenpflichtigen Grundstücke vorgebeugt wird und die Rentenvertheilung ohne Anstand bewirkt werden kann. Ein besonderes Augenmerk ist darauf zu richten, ob die Renten nur auf einem Theile, oder Zubehör des Hauptgrundstücks, bezw. nur auf einem Theile der abveräußerten Parzelle haften. Auf Grund der Mittheilungen der Kreissteuerkasse hat der Katastercontroleur den Rentenvertheilungsplan nach dem der Anweisung beigefügten Muster B aufzustellen und dem Gemeindevorstande zur Bekanntmachung an die Interessenten zu übersenden. Nach Rückempfang des Plans, bezw. nach Ablauf der 21 tägigen Beschwerdefrist ist eine Ausfertigung des Plans der Rentenbank-Direction, bezw. der Regierung (Abtheilung für directe Steuern, Domänen und Forsten) nebst den etwa eingegangenen schriftlichen oder mündlich zu Protokoll erklärten Einwendungen der Betheiligten zur weiteren Veranlassung vorzulegen. Die Rentenbank-Direction, bezw. die Regierung setzt sodann den Katastercontroleur von der erfolgten Bestätigung des Plans durch Rücksendung des letzteren, welcher von der betreffenden Behörde mit dem Bestätigungsvermerk zu versehen ist, in Kenntniß. Die Benachrichtigung von der erfolgten Vertheilung der Rente an die Kreissteuerkassen behufs Berichtigung der Rentenkataster sowie die Bewirkung der Ablösung der Renten in den dazu geeigneten Fällen ist Sache der Rentenbank-Direction bezw. der Regierung.

3. Die hier gegebene 21 tägige Frist ist durch die Vorschrift im ersten Satze des §. 51 des Gesetzes über die allgemeine Landesverwaltung vom 30. Juli 1883 (Ges.-S. S. 195) nicht abgeändert

worden, da dieselbe sich nur auf Beschwerde gegen Beschlüsse des Kreis- (Stadt-) Ausschusses, des Bezirksausschusses und des Provinzialraths, auf die Klage im Verwaltungsstreitverfahren und auf den Antrag auf mündliche Verhandlung im Verwaltungsstreitverfahren bezieht. Vgl. im Uebrigen die Anm. 4 zum §. 9.

Zu §. 5.

1. Der §. 5 hat in der Regierungsvorlage folgenden Wortlaut: „Die Bestätigung des Rentenvertheilungsplanes und die Entscheidung über die angebrachten Beschwerden steht zu:

a. der Rentenbankdirection hinsichtlich der den Rentenbanken überwiesenen Renten einschließlich der denselben nach §. 58 des Gesetzes vom 2. März 1850 überwiesenen Tilgungskassenrenten

b. der Domänenbehörde hinsichtlich der nach §. 64 ebendaselbst regulirten Domänenrenten."

Die jetzige Fassung beruht auf den in der Anm. 2 zum §. 2 besprochenen Erwägungen und Anträgen der Kommission des A. H.

2. Die „Domänenbehörde" wird durch die Abtheilung für directe Steuern, Domänen und Forsten der Regierung und da wo eine solche Abtheilung nicht eingerichtet worden ist, durch die Regierung gebildet: §. 3 der Instruction zur Geschäftsführung der Regierungen rc. vom 23. October 1817 (Ges.-S. S. 248) und D. II 3 der Allerhöchsten Kabinetsordre vom 31. Dezember 1825, wegen Abänderungen in der bisherigen Organisation der Provinzial-Verwaltungsbehörden (Ges.-S. 1826 S. 5).

Die Motive (a. a. O. S. 497) bemerken zu §. 5:

„Nach dem jetzigen Verfahren wird der Rentenvertheilungsplan von der Rentenbankdirection hinsichtlich der Privatrenten und von der Finanzabtheilung der Regierung hinsichtlich der Domänenamortisationsrenten geprüft, aber von der Regierungsabtheilung des Innern als Landespolizeibehörde bestätigt. Diese Bestätigung kann bei der Trennung der Rentenvertheilung von der sonstigen Regulirung unbedenklich fortfallen. Bei der Rentenvertheilung stehen für den Staat nicht polizeiliche, sondern finanzielle Interessen in Frage. Um diese wahrzunehmen, sind die

Rentenbankdirektion und die Domänenbehörde ebenso geeignet wie die Steuerabtheilung der Regierung in Bezug auf die Grundsteuer. Den Abgabenpflichtigen stehen alle diese Instanzen gleich unparteiisch gegenüber."

Die Entscheidung der Rentenbankdirection und der Regierung über die eingebrachten Beschwerden ist endgültig.

3. „Zur Verwaltung überwiesene Renten." Das sind die Tilgungskassenrenten; vgl. §. 58 des Rentenbankgesetzes und Anm. 1.

Zu § 6.

Da die Rentenvertheilung für die Katasterkontroleure eine Geschäftsvermehrung verursacht, so hat das Gesetz namentlich auch mit Rücksicht auf die für die Fortschreibung der Grundsteuer geltenden und daher nach den §§. 20, 64 des Rentenbankgesetzes auch für die Fortschreibung der Renten anwendbaren Vorschriften (§. 38 des Gesetzes vom 8. Februar 1867, §§. 71 ff. der Anweisung I vom 17. Januar 1865), den Trennstückserwerbern die Entrichtung von Gebühren für die Rentenvertheilung auferlegt. Diese Bestimmung rechtfertigt sich dadurch, daß einerseits der Staat durch die Parzellirung insofern ungünstiger gestellt wird, als er die Rente anstatt wie früher im Ganzen, nunmehr von den einzelnen Trennstückserwerbern einziehen muß und andererseits die Trennstückserwerber in der Lage sind, die Gebühren bei Bemessung des Kaufpreises zu berücksichtigen.

Der Finanzminister hat unter Nr. 9 der Spezialanweisung über die Rentenvertheilung (Anm. 2 zu §. 4) über die Höhe der Gebühren ꝛc. folgende Vorschriften erlassen:

„Der Katasterkontrolleur erhält zum Ersatze für die mit der Rentenvertheilung verbundenen Geschäftsunkosten eine Gebühr, welche für jedes mit Renten belegte Trenngrundstück

a. wenn das getheilte Grundstück in 5 Trenngrundstücke oder weniger zerfällt, eine Mark,

b. wenn dasselbe in 6 bis 10 Trenngrundstücke zerfällt, neunzig Pfennige,

c. wenn dasselbe in mehr als 10 Trenngrundstücke zerfällt, 80 Pfennige beträgt. Außerdem sind dem Katasterkontroleur für die lediglich wegen der Rentenvertheilung im Interesse der Trenngrundstückserwerber erforderlich gewesenen Ermittlungen an Ort und Stelle die gesetzlichen Tagegelder und Reisekosten zu vergüten."

Vgl. bezüglich der Letzteren den M. Bl. 1873 S. 359 abgedruckten M. E., nach welchem die Katasterkontroleure gemäß der Vorschrift unter Ziffer V §. 1 des Gesetzes vom 24 März 1873, betreffend die Tagegelder und Reisekosten der Staatsbeamten (Ges.=S. S. 122) einen Tagegeldersatz von 3 Thlr. und dementsprechend Reisekosten nach §. 4 a. a. O. liquidiren.

Zu §. 7.

1. Die §§. 7 bis 10 enthalten die Bestimmungen über das Verfahren bei Vertheilung der aus dem Kirchen=, Pfarr=, Schul= und Gemeindeverbande entspringenden Abgaben und Leistungen.

In der Anmerkung 3 zum §. 2 ist bereits hervorgehoben worden, daß das Gesetz auf persönliche Abgaben und Leistungen nicht Anwendung findet. Dadurch wird der Kreis der der Vertheilung nach dem Gesetze unterliegenden Lasten wesentlich beschränkt. Zu den persönlichen Lasten gehört insbesondere auch die Kirchenbaupflicht, welche in der Regel eine nach dem Steuerfuße in jedem einzelnen Baufalle umzulegende persönliche Last der Eingepfarrten bildet (§§. 710 ff. A. L. R. II 11). Ebenso kommen Schulabgaben dinglicher Natur nur vereinzelt vor, da die Kosten sowohl der Schulunterhaltung als der Schulbauten fast überall entweder von den Hausvätern oder von der politischen Gemeinde aufzubringen sind (§. 29 ff. II. 12 A. L. R. — Artikel 25 der Verfassungs=Urkunde vom 31. Januar 1850 — Ges.=S. S. 17). Ferner sind die Naturalabgaben dinglicher Natur zum größten Theil durch Kapitalzahlung oder durch Umwandlung in Rente abgelöst worden, während die Gemeindeabgaben ortsverfassungsmäßig vielfach nach der Fläche oder nach dem Maßstabe der Grund= (Gebäude=) und Klassensteuer aufgebracht werden. Die den Kirchen= und Schulvorständen sowie den Gemeinde=

vorstehern obliegende Aufgabe wird denselben daher nur geringe Schwierigkeiten bereiten, zumal die bei der Vertheilung der Renten gewonnenen Resultate in den meisten Fällen der Regulirung der sonstigen Abgaben zu Grunde gelegt werden können. Werden ausnahmsweise für letztere besondere Werthsermittlungen erforderlich, so haben sich die mit der Vertheilung betrauten Organe der Mitwirkung des Katasterkontroleurs zu bedienen, welchem dafür die tarifmäßigen Gebühren zustehen (vgl. §§. 6 und 11 der Ausführungsinstruction).

2. Die auf Grund des §. 7 aufgestellten Abgaben-Regulirungspläne bilden eine Quelle des Gemeinderechts; die in ihnen getroffenen Festsetzungen sind öffentlich-rechtlicher Natur und werden ein Theil der Ortsverfassung. „Die Vertheilung der öffentlichen Abgaben und Lasten bei Grundstückstheilungen, welche auf dem gesetzlich vorgeschriebenen Wege erfolgt, ist nicht Gegenstand der freien Vereinbarung durch privatrechtliche Verträge, sondern der Festsetzung durch die Verwaltungsbehörden (§. 19 des Gesetzes v. 3. Januar 1845 — Ges.-S. S. 25, jetzt §§. 7 ff. des Gesetzes vom 25. August 1876 Ges.-S. S. 405 —). Die so festgestellten Abgabenvertheilungspläne bilden danach keine Privatverträge, sie sind öffentlich-rechtliche Festsetzungen und stellen sich als Quelle und Theil der Gemeindeverfassung dar.“ Erk. des O. V. G. vom 14. Januar 1882 (Entsch. VIII S. 150); vgl. auch Entsch. VII S. 187, IV S. 113 und Pr. V. Bl. Jahrgang VI S. 243 und IX S. 257.

Die durch den Regulirungsplan geschaffene Ortsverfassung bindet daher die Gemeinde und deren Vorsteher in gleicher Weise wie die sonstigen Interessenten und kann nur in den von dem Gesetze vorgeschriebenen Fällen und Formen, also z. B. nicht durch einen Schuldotationsplan geändert werden. „Wenn aus Veranlassung der Zerlegung eines Grundstücks die Vertheilung der Gemeindeabgaben auf die einzelnen Trennstücke stattgefunden hat und der aufgestellte Abgabenvertheilungsplan nicht rechtzeitig mit den zulässigen Rechtsmitteln angefochten, also rechtskräftig geworden ist, so kann dieser Plan bei einer späteren — etwa in Folge einer weiteren Parzellirung des Stammgrundstücks nothwendig werdenden neuen Abgabenvertheilung nicht ohne Weiteres abgeändert werden, bleibt vielmehr mit Bezug auf diejenigen Theilgrundstücke, hinsichtlich welcher er die Abgabenpflicht regulirt hat, auch fernerhin in Kraft. Ein solcher rechtskräftig festgestellter Vertheilungsplan wird zum integrirenden Theil der Ortsverfassung bezüglich des Maßstabes der Vertheilung der Gemeinde-Abgaben und Dienste und kann daher einer Ergänzung oder Abänderung nur in der im §. 11 des Landgemeindeverfassungsgesetzes vom 14. April 1856 festgesetzten Form — Gemeindebeschluß mit Bestätigung der Aufsichtsbehörde, eventuell Anordnung der Letzteren mit ministerieller Genehmigung — unterzogen werden." (Erk. d. O. V. G. vom 7. September 1889 (Pr. Verw. Bl. Jahrgang XI S. 5).

Andererseits kann eine dem Gesetze vom 25. August 1876 unterliegende Vertheilung von Lasten unter die einzelnen Parzellenbesitzer in rechtsverbindlicher Weise nicht durch einen einfachen Gemeindebeschluß, sondern nur durch einen in Gemäßheit der §§. 7 und ff. aufgestellten Abgabenvertheilungsplan bewirkt werden. Erk. des O. V. G. vom 25. März 1885 (Preuß. V. Bl. Jahrgang VI S. 267).

3. Die Abgabenvertheilung muß auch dann erfolgen, wenn feststeht, daß die Trennstückserwerber oder einer derselben wegen eines persönlichen Privilegiums oder wegen des Zwecks, dem das Grundstück künftig gewidmet sein soll, die ertheilte Last nicht zu tragen hat. Denn der Theil, welcher auf ein so befreites Grundstück fällt, muß für alle Fälle bestimmt werden, da denselben der Stammgutsbesitzer und die übrigen Parzellenerwerber nicht zu übernehmen haben, sondern der Ausfall von sämmtlichen Kontribuenten zu tragen ist. Erk. des O. V. G. vom 19. September 1885 (Entsch. XII S. 435); vgl. auch das Erk. des O. V. G. vom 14. Januar 1882 (Entsch. VIII S. 150).

4. Ein vom Gutsherrn aufgestellter Regulirungsplan begründet keine öffentlich-rechtliche, erzwingbare Beitragspflicht der Angehörigen des Gutsbezirks zu Gunsten des Gutsherrn. Denn im Gutsbezirke vereinen sich alle diejenigen Rechte und Pflichten, welche in den Gemeinden von dem Gemeindevorstande und der

Gemeindeversammlung ausgeübt werden, in der Hand des Gutsbesitzers, finden sich gleichsam in seiner Person verkörpert und bieten, abgesehen von dem Fall des §. 8 Abs. 2 des Gesetzes vom 8. März 1871, betreffend die Ausführung des Bundesgesetzes über den Unterstützungswohnsitz (Ges.=S. S. 130), für eine Ortsverfassung keinen Raum. Auch entbehren die auf dem gutsherrschaftlichen Verhältnisse beruhenden Leistungen der Reallastenqualität und deshalb der Fähigkeit auf die Gutseingesessenen umgelegt zu werden. Diese ihre rechtliche Natur kann auch nicht durch eine im Wege der geordneten Abgabenregulirung erfolgte Vertheilung geändert werden; die desfallsigen Festsetzungen entbehren vielmehr, der Bestätigung durch die Behörde ungeachtet, der öffentlich=rechtlichen Wirksamkeit. Erk. des O. V. G. vom 27. Juni 1885 (Entsch. XII S. 174) und vom 12. Februar 1887 (Pr. V. Bl. Jahrgang VIII S. 260); vgl. auch den Erlaß des Ministers für Landwirthschaft, Domänen und Forsten vom 22. April 1873 (M. Bl. 1874 S. 123) und M. Bl. 1876 S. 76.

5. Der nach Vorschrift des Gesetzes errichtete Abgabenvertheilungsplan stellt nicht nur die Verpflichtungen der Parzellenbesitzer den Steuerberechtigten gegenüber fest, sondern erzeugt auch Rechte und Verbindlichkeiten für die Parzellenbesitzer untereinander. Er ist für Letztere hinsichtlich des Verhältnisses, in dem sie zu dem früher auf dem ungetheilten Grundstücke haftenden öffentlichen Abgaben beizutragen haben, maßgebend, und zwar auch für die Besitznachfolger; vgl. Erk. des Ober=Tribunals vom 29. November 1879 (Entsch. Band 73 S. 197).

6. Gegenstand der Vertheilung können auch künftig neu entstehende Leistungen bilden. „Unrichtig ist ferner in der Allgemeinheit, wie er aufgestellt wird, auch der andere Satz, daß über die künftig auf die einzelnen Parzellen zu legenden Staats=, Kriegs= und Gemeindelasten in den Abgabenvertheilungsplänen Festsetzungen weder getroffen werden konnten, noch getroffen werden durften. Denn sowohl mittelst Einreihung der Parzellenerwerber in das bestehende Klassenverhältniß wie durch Aufstellung eines allgemeinen Repartitionsmaßstabes war es möglich, für die künftige Vertheilung neu entstehender Leistungen im Voraus

Bedacht zu nehmen." Erk. des O. V. G. vom 6. Oktober 1883 (Entsch. X S. 106).

7. Die §§. 11 bis 13 des Gesetzes vom 14. April 1856, betreffend die Landgemeinde-Verfassungen in den sechs östlichen Provinzen der Monarchie sind durch die Landgemeindeordnung für die sieben östlichen Provinzen der Monarchie vom 3. Juli 1891 (Ges.-S. S. 233) aufgehoben worden (§ 146 daselbst). Sie enthielten Vorschriften über die Ergänzung oder Abänderung der Ortsverfassung hinsichtlich des Maßstabes der Vertheilung der Gemeindeabgaben; dieselben sollten auch in denjenigen Fällen Anwendung finden, in welchen in Folge der Zertheilung von Grundstücken über die Theilnahme der Bewohner an den Gemeindelasten zu beschließen war.

8. „Gemeindekirchenrath" — „Kirchenvorstand" — vgl. Gesetz vom 25. Mai 1874, betreffend die evangelische Kirchengemeinde- und Synodalordnung 2c. (Ges.-S. S. 147), die Kirchengemeinde- und Synodalordnung vom 10. September 1873 (Ges.-S. S. 419) und Gesetz vom 20. Juni 1875 über die Vermögensverwaltung in der katholischen Kirchengemeinde (Ges.-S. S. 241).

9. Im Uebrigen sind zum §. 7 die §§. 6 bis 11 der Ausführungsinstruktion zu vergleichen.

Zu §. 8.

„Für die Vertheilung der Rente einerseits und der aus dem Kirchen-, Pfarr-, Schul- und Gemeindeverbande entspringenden Lasten andererseits sind dieselben Grundsätze maßgebend (§. 3). Behufs Vertheilung der letztgenannten Lasten bedarf es mithin in der Regel nur der Kenntniß von den bei der Rentenvertheilung zur Anwendung gebrachten Verhältnißzahlen. Diese Zahlen nebst den Factoren, aus denen sie sich ergeben, müssen den zur Vertheilung berufenen Organen zugänglich gemacht werden. Um den Katasterkontroleur nicht über das unvermeidliche Maß in Anspruch zu nehmen, legt ihm der Entwurf nur die Verpflichtung auf, die erforderlichen Unterlagen dem Landrathe, in Stadtkreisen dem Gemeindevorstande zu übersenden, welchen dann die weitere Zustellung an die Regulirungsorgane obliegt. Hierdurch soll die erforderliche Zuverlässigkeit und Korrektheit bei Uebermittlung der Unterlagen gesichert werden. Durch Uebertragung der Vermittlung an die Vorsteher der ländlichen Gemeinden würde diese Sicherheit nicht überall in demselben Maße zu erreichen sein" (Motive a. a. O. S. 497).

In der Kommission des A. H. wurde die Ansicht geäußert, daß es sich nicht empfehle, die Anfertigung und Zustellung der erforderlichen Abschriften, deren Herstellung eine rein mechanische Arbeit sei, dem Landrathe aufzuerlegen. Dieselbe sei vielmehr ebenfalls den Katasterkontroleuren zu überweisen. Seitens des Vertreters der Staatsregierung wurde jedoch demgegenüber geltend gemacht, daß den Katasterkontroleuren nicht in allen Fällen ein Büreau zur Verfügung stehe und daß dieselben nicht immer diejenigen Kenntnisse besäßen, welche die Leitung der hier fraglichen Lastenvertheilung unter Umständen erforderlich mache. Auch habe der Staat ein Interesse an der richtigen Vertheilung der Abgaben, dessen Wahrnehmung am besten dem Landrathe, in Stadtkreisen dem Gemeindevorstande, übertragen werde. Hierauf wurde der §. 8 von der Mehrheit der Kommission in der jetzigen Fassung angenommen.

Zu §. 9.

1. Die Vertheilung ist in urkundlicher Form, also unter Unterschrift und Siegel, festzusetzen; vgl. im Uebrigen die §§. 12 und 13 der Ausführungsinstruction und das als Anhang abgedruckte Musterformular.

Wenn der Abgabenregulirungsplan eine Lücke oder einen Mangel aufweist, so muß derselbe durch eine Nachtragsregulirung ergänzt werden. „Dagegen besteht zweifelsfrei für den Gemeindevorsteher nach wie vor die Pflicht, zufolge §. 7 des zuletzt gedachten Gesetzes (d. i. des Gesetzes vom 25. August 1876) die Vertheilung der in dem Dismembrationsplane übergangenen Abgaben und Leistungen noch nachträglich zu bewirken und würde sich Kläger bei fortgesetzter Säumniß des Beklagten mit dem Gesuche um Abhülfe an die zuständige Aufsichtsbehörde zu wenden haben." Erk. des O. V. G. (Entsch. VII S. 194); vgl. Entsch. X S. 101.

2. Der §. 9 gewährt den Betheiligten zum Schutz gegen eine

unrichtige oder unzweckmäßige Vertheilung der im §. 7 bezeichneten Abgaben das Recht zur Anfechtung der von den Kirchen- ꝛc. Vorständen bewirkten Vertheilungen. Da es sich hierbei im Wesentlichen um Streitigkeiten von Privatpersonen über das Mehr oder Weniger der von einem Jeden unter ihnen zu übernehmenden Verpflichtungen, mithin um Verwaltungsstreitsachen im engern Sinne handeln wird, so erschien zur Ausübung des Anfechtungsrechtes das Verwaltungsstreitverfahren als der geeignetste Weg. Die Vertheilung von Patronatslasten berührt das öffentliche Interesse in besonderem Grade und bietet nicht selten Schwierigkeiten; daher ist mit Bezug auf solche Lasten auch der Patronatsaufsichtsbehörde ein Klagerecht beigelegt (vgl. Motive a. a. O. S. 497). — „Patronatsaufsichtsbehörde". Vgl. §. 3 der Verordnung, betreffend die Ressortverhältnisse der Provinzialbehörden für das evangelische Kirchenwesen, vom 27. Juni 1845 (Ges.-S. S. 440); Art. 21, 22 des Gesetzes, betr. die evangelischen Kirchenverfassung in den acht älteren Provinzen der Monarchie, vom 3. Juni 1876 (Ges.-S. S. 125); Art. III der Verordnung über die Ausübung der Rechte des Staats gegenüber der evangelische Landeskirche ꝛc., vom 9. September 1876 (Ges.-S. S. 395); §. 23 der Kirchen- u. Synodalordnung vom 10. September 1873 (Ges.-S. S. 417); Art. 8 des Gesetzes vom 25. Mai 1874 (Ges.-S. S. 197); §§. 39 ff. des Gesetzes über die Vermögensverwaltung in den katholischen Kirchengemeinden vom 20. Juni 1875 (Ges.-S. S. 241) und Art. I der Verordnung über die Ausübung der Aufsichtsrechte des Staats bei der Vermögensverwaltung in den katholischen Kirchengemeinden vom 27. September 1873 (Ges.-S. S. 571). Im Uebrigen vgl. das Preußische Kirchenrecht im Gebiete des Allgemeinen Landrechts, Abdruck von Theil II Titel 11 ꝛc. Herausgegeben von Hinschius S. 375 Anm. zum §. 581 Tit. 11 Th. II A. L. R.

3. Die Frist zur Anbringung der Klage beträgt jetzt zwei Wochen; vgl. § 51 Satz 1 des Gesetzes über die allgemeine Landesverwaltung vom 30. Juli 1883:

„Wo die Gesetze für die Anbringung der Beschwerde gegen Beschlüsse des Kreis-(Stadt-)Ausschusses, des Bezirksausschusses oder des Provinzialraths, oder der Klage beziehungsweise des Antrags auf mündliche Verhandlung im Verwaltungsstreitverfahren eine andere als eine zweiwöchentliche Frist vorschreiben, beträgt die Frist fortan zwei Wochen."

Vgl. ferner §. 52 a. a. O.:

„Die Fristen für die Anbringung der Beschwerde und der Klage beziehungsweise des Antrags auf mündliche Verhandlung im Verwaltungsstreitverfahren, sowie alle Fristen im Verwaltungsstreitverfahren sind präklusivisch und beginnen, sofern nicht die Gesetze Anderes vorschreiben, mit der Zustellung. Für die Berechnung der Fristen sind die bürgerlichen Prozeßgesetze maßgebend.

Bezüglich der Beschwerde kann die angerufene Behörde in Fällen unverschuldeter Fristversäumniß Wiedereinsetzung in den vorigen Stand gewähren.

Für eine im Verwaltungsstreitverfahren zu gewährende Wiedereinsetzung in den vorigen Stand sind lediglich die für das Verwaltungsstreitverfahren besonders getroffenen Bestimmungen maßgebend (§. 112)."

Die nach dem Vorstehenden für die Berechnung der Fristen maßgebende Deutsche Civilprozeßordnung bestimmt in den §§. 198 bis 200 Folgendes:

„§. 198. Der Lauf einer richterlichen Frist beginnt, sofern nicht bei Festsetzung derselben ein Anderes bestimmt wird, mit der Zustellung des Schriftstücks, in welchem die Frist festgesetzt ist, und, wenn es einer solchen Zustellung nicht bedarf, mit der Verkündung der Frist.

Der Lauf einer gesetzlichen oder richterlichen Frist, deren Beginn von einer Zustellung abhängig ist, beginnt mit dieser auch gegen diejenige Partei, welche die Zustellung hat bewirken lassen.

§. 199. Bei der Berechnung einer Frist, welche nach Tagen bestimmt ist, wird der Tag nicht mitgerechnet, auf welchen der Zeitpunkt oder das Ereigniß fällt, nach welchem der Anfang der Frist sich richten soll.

§. 200. Eine Frist, welche nach Wochen oder Monaten bestimmt ist, endigt mit Ablauf desjenigen Tages der letzten

Woche oder des letzten Monats, welcher durch seine Benennung oder Zahl dem Tage entspricht, an welchem die Frist begonnen hat; fehlt dieser Tag in dem letzten Monate, so endigt die Frist mit Ablauf des letzten Tages dieses Monats.

Fällt das Ende einer Frist auf einen Sonntag oder allgemeinen Feiertag, so endigt die Frist mit Ablauf des nächstfolgenden Werktages.

4. Das Gesetz hat sich der zur Zeit seines Erlasses bestehenden Verwaltungs-Organisation angeschlossen und bezeichnet daher das Bezirksverwaltungsgericht als das in Stadtkreisen zur Anbringung der Klage zuständige Verwaltungsgericht. Nach § 153 des Gesetzes über die allgemeine Landesverwaltung vom 30. Juli 1883 sind die Bezirksverwaltungsgerichte aufgehoben worden und an deren Stelle die Bezirksausschüsse getreten; zuständig ist daher jetzt in Stadtkreisen der Bezirksausschuß.

Zu §. 10.

Der §. 10 bezieht sich nur auf die im §. 7 des Gesetzes genannten, also auf die aus der Kirchen-, Pfarr-, Schul- und Gemeindeverbande entspringenden Lasten und bestimmt diejenigen Fälle, in welchen zur weiteren Vereinfachung des Verfahrens ausnahmsweise von der Vertheilung in urkundlicher Form, welche hinsichtlich der Renten in keinem Fall der Zersplitterung rentenpflichtiger Grundstücke unterbleiben darf, abgesehen werden kann. Was die für zulässig erklärten Ausnahmen anbelangt, so waren

a. die Gebäude, Bauplätze, Hofstellen und Gärten innerhalb der Städte und Vorstädte von dem Regulirungsverfahren schon nach dem Gesetze vom 3. Januar 1845 ausgenommen (§. 1 daselbst) und beruht diese Bestimmung auf der Rücksicht für den viel lebhafteren Verkehr mit dergleichen Grundstücken und auf der Begünstigung dieses städtischen Verkehrs und des städtischen Gewerbes (Motive a. a. O. S. 498). Hinsichtlich dieser Grundstücke sind gesetzliche Vorschriften zur Ausführung der Edicte vom 9. October 1807 und 14. September 1811 nicht ergangen; vgl. jedoch das Rescript des Königlichen Ministeriums des Innern vom 12. Juli 1845

(M. Bl. S. 172), welches, insoweit sein Inhalt hier in Betracht kommt, Folgendes anordnet:

„Was insbesondere die städtischen Grundstücke (§. 1 des Gesetzes vom 3. Januar 1845) betrifft, so ist es richtig, daß das allegirte Gesetz auf solche Grundstücke keine Anwendung findet. Indeß bestehen hinsichtlich derselben die früheren Anordnungen über deren Parzellirung fort, und wofern derartige Grundstücke solchen Abgaben und Leistungen unterliegen, welche die Natur öffentlicher Lasten haben, sind daher auch diese Abgaben und Leistungen neu zu reguliren und es muß demgemäß auch da, wo Grundsteuer von den städtischen Grundstücken zu entrichten ist, diese vertheilt werden.

Ich will jedoch, dem Vorschlage der Königlichen Regierung gemäß, es genehmigen, daß die Magistrate von der im §. 4 des Edicts vom 9. October 1807 vorgeschriebenen Anzeige der vorzunehmenden Parzellirungen städtischer Grundstücke bei der Landespolizeibehörde in allen Fällen entbunden werden, in welchen nicht bei Vertheilung der Grundsteuer das Staatsinteresse betheiligt und in solchen Fällen ebenfalls ein von der Königlichen Regierung zu bestätigender Vertheilungsplan anzulegen ist.

Anderenfalls kann hinsichtlich der gedachten städtischen Grundstücke den Magistraten die Regulirung mit dem Vorbehalt gehöriger Controle und eventuell Zurücknahme delegirt werden und bleibt nur die Entscheidung in streitigen Fällen der Königlichen Regierung vorbehalten."

b. Daß die unter die Bestimmung zu b fallenden allgemeinen Lasten einer Vertheilung nicht bedürfen, ergiebt sich aus der Natur der Sache; dieselben sind hier nur deshalb von dem Vertheilungsverfahren ausdrücklich ausgeschlossen worden, weil nach §. 17 des Gesetzes vom 1. Januar 1845 ihre Erwähnung im Regulirungsplan nicht unterbleiben durfte.

c. Abgaben und Leistungen, welche nach Verhältniß der Staatssteuer aufzubringen sind, erfordern keine besonderen Festsetzungen bei Grundstückstheilungen.

d. „Wenn bei der Vertauschung von Grundstückstheilen die Besitzer derselben mit den jeweiligen Abgabeberechtigten und den das dauernde Interesse der berechtigten Korporation oder Anstalt vertretenden Vorständen dahin einverstanden sind, daß in Bezug auf die im §. 8 (jetzt §. 7) bezeichneten Lasten das eine Tauschstück an die Stelle des andern tritt, so ist die Annahme berechtigt, daß jedes der Tauschstücke für die zu übertragenden Lasten hinreichende Sicherheit gewährt. In solchen Fällen wird daher von einem förmlichen Vertheilungsverfahren abgesehen werden können." (Motive a. a. O. S. 498). Vgl. im Uebrigen §. 10 der Ausführungs-Instruction.

Die Gesetze vom 3. März 1850, betreffend den erleichterten Abverkauf kleiner Grundstücke (G. S. S. 145), vom 27. Juli 1860, betreffend die Abänderung des Gesetzes vom 13. April 1841 über den erleichterten Umtausch einzelner Parzellen von Grundstücken (G.S. S. 384) sowie der §. 71 der Grundbuchordnung vom 5. Mai 1872 (G.S. S. 446) haben Reallasten öffentlich rechtlicher Natur nicht zum Gegenstande. Das sogenannte Unschädlichkeitsverfahren ist daher auf den vorliegenden Fall nicht anwendbar.

Zu §. 11.

1. „Das Verfahren nach dem Entwurfe hat es nur mit der Vertheilung feststehender Abgaben und Leistungen zu thun. Wenn über die Existenz, den Umfang oder die rechtliche Natur derselben Streit entsteht, so ist darüber im Rechtswege zu entscheiden. Inzwischen sollen, ähnlich wie nach §. 20 des Gesetzes vom 3. Januar 1845, die im Verwaltungsstreitverfahren entscheidenden Behörden befugt sein, über die Vertheilung eine vorläufige Festsetzung zu treffen. Die Uebernahme der Bestimmung im §. 4 des Gesetzes vom 4. Februar 1850 (Ges.-S. S. 68), welche die Befugniß der Regierungen zur Festsetzung eines Interimistikums auf alle Fälle ausdehnt, in denen es angemessen erscheint, die definitive Regulirung aufzuschieben, war bei der beabsichtigten Abkürzung des Vertheilungsverfahrens nicht erforderlich. Aus derselben Rücksicht ist die den Regierungen durch den §. 21 des Gesetzes vom 3. Januar 1845 gewährte, überdies nur selten zur Anwendung gekommene Ermächtigung zur Herbeiführung eines schiedsrichterlichen Verfahrens in den Entwurf nicht aufgenommen." (Motive a. a. O. S. 498.)

Die Bestimmung des §. 11 hat übrigens durch die §§. 18, 34, 44 und 46 des Zuständigkeitsgesetzes vom 1. August 1883, nach welcher Streitigkeiten zwischen Betheiligten über ihre im öffentlichen Rechte begründete Verpflichtung zu Abgaben und Leistungen für gewisse Zwecke der Entscheidung im Verwaltungsstreitverfahren vorbehalten sind, eine Einschränkung erfahren. Die für Hannover und Schleswig-Holstein erlassenen Gesetze vom 4. Juli 1887 und 18. Juni 1888 enthalten deshalb im ersten Satze hinter den Worten „der richterlichen Entscheidung" den Zusatz: „soweit nicht gemäß der §§. 18, 34, 44 und 46 des Gesetzes über die Zuständigkeit der Verwaltungs- und Verwaltungsgerichtsbehörden vom 1. August 1883 (Ges.-S. S. 237) die Entscheidung im Verwaltungsstreitverfahren zu erfolgen hat".

2. Da das Gesetz den Vorständen der im §. 7 bezeichneten Verbände nur die Vertheilung der Lasten, nicht aber eine Entscheidung darüber zuweist, welche Lasten als auf dem Grundbesitze haftende oder mit Rücksicht auf den Grundbesitz zu entrichtende anzusehen sind, so kann der Erwerber eines Trennstücks, nachdem er den aufgestellten Vertheilungsplan unangefochten gelassen, gegenüber einer darauf gestützten Abgabenforderung noch den Einwand erheben, die Abgabe unterliege gesetzlich nicht der Vertheilung. Erk. des O. V. G. vom 18. Februar 1885 (Entsch. XII S. 209). Vgl. die Erk. des O. V. G. vom 14. Januar 1882 (Entsch. VIII S. 150) und vom 19. September 1885 (Entsch. XII S. 437), nach welchen der von den genannten Vorständen festgestellte Abgabenvertheilungsplan nur Kraft hat, insoweit es sich um die Vertheilung selbst, den Vertheilungsmaßstab handelt, jedoch keinen Trennstückbesitzer hindert, darzuthun, daß er zu der Abgabe, welche von ihm gefordert wird, nicht verpflichtet sei, bezw. daß der bei der Vertheilung ihm auferlegte Theil der Leistung entweder auf dem ganzen Grundstücke oder seiner Parzelle nicht hafte. Ebenso kann die abgabenberechtigte Korporation von dem Trennstückbesitzer eine ihm durch den Plan nicht auferlegte Leistung dennoch erfordern, wenn sie nachweist, daß die Last auf dem unzerstückelten Grundstück hafte, aber bei der Regulirung übergangen sei. Erk. des O. V. G. vom 4. November 1891 (Pr.

B. Bl. Jahrgang XIII S. 147). Auch das Ober-Landeskultur-gericht hat ausgesprochen, daß durch die in Gemäßheit des Gesetzes vom 25. August 1876 aufgestellten Regulirungspläne die Existenz der Abgaben und Lasten nicht festgestellt werde, während dies bei den nach Maßgabe des Gesetzes vom 3. Januar 1845 vorgenommenen Regulirungen der Fall sei (Zeitschrift für Landeskultur-Gesetzgebung Band 30 S. 82).

3) „Hinsichtlich der Renten die bestätigende Behörde" vgl. §. 5 des Gesetzes.

4. An Stelle des Bezirksverwaltungsgerichts ist der Bezirksausschuß getreten (vgl. Anm. 4 zu §. 9). Der Kreisausschuß und Bezirksausschuß treffen die vorläufige Festsetzung nur auf Antrag der Betheiligten im Beschlußverfahren.

Zu §. 12.

1. Nach §. 23 des Gesetzes vom 3. Januar 1845 kam den definitiv feststehenden Regulirungsplänen die Wirkung gerichtlich bestätigter und vollstreckbarer Urkunden zu. Diese Bestimmung hat viele Schwierigkeiten in solchen Fällen veranlaßt, in welchen die Festsetzungen der Pläne unrichtig oder in Folge von Veränderungen nicht mehr zutreffend waren. Für den Zweck der nach Maßgabe des Gesetzes aufgestellten Pläne genügt es, wenn sie im Verwaltungswege vollstreckbar sind (vgl. Motive a. a. O. S. 498).

2) „Endgültigen Festsetzungen". Die Beschwerde nach §. 4 und die Klage nach §. 9 haben daher aufschiebende Wirkung.

Der Abgeordnete Kallenbach beantragte bei der dritten Lesung des Entwurfs dem §. 12 folgende Fassung zu geben:

> „Die in Gemäßheit dieses Gesetzes über die Vertheilung von Lasten getroffenenen Festsetzungen (§§. 5 und 9), sowie die nach §. 11 getroffenen vorläufigen Festsetzungen sind im Verwaltungswege vollstreckbar."

Es sollte dadurch die vorläufige Vollstreckbarkeit der von den Sozietätsvorständen getroffenen Festsetzungen auch während der Dauer des Verwaltungsstreitverfahrens erreicht werden. Der Antrag wurde jedoch vom A. H. abgelehnt, nachdem der Vertreter der Staatsregierung die fragliche Abänderung für unnöthig und unpraktisch erklärt hatte, weil dem Abgabenberechtigten einstweilen der Käufer verhaftet bleibe, der mit seinem Grundstück für die ganze Abgabe einstehen müsse und von seiner Haftung erst befreit werde, wenn die Lastenvertheilung endgültig stattgefunden habe (vgl. Drucksachen a. a. O. Nr. 201 zu A und Verhandlungen a. a. O. S. 1275).

3. „Im Verwaltungswege vollstreckbar." Vgl. bezüglich der Zwangsvollstreckung wegen Geldbeträgen die Verordnung, betreffend das Verwaltungszwangsverfahren wegen Beitreibung von Geldbeträgen vom 7. September 1879 (Ges.-S. S. 591) nebst der Ausführungsanweisung vom 15. September 1879. Die Zwangsvollstreckung wegen Leistungen (z. B. Dienste) wird in der Weise bewirkt, daß dieselben nach fruchtlos gebliebener Aufforderung des Verpflichteten für dessen Rechnung durch Dritte im Auftrage des Gemeindevorstehers ꝛc. ausgeführt werden; es ist jedoch zu beachten, daß die Vorschriften des §. 132 des Gesetzes über die allgemeine Landesverwaltung auf das kommunale Gebiet nicht zu übertragen sind. Vgl. auch §. 1 Nr. 14 der Verordnung vom 30. Juli 1853 (Ges.-S. S. 909); M. Bl. 1860 S. 112; Landgemeindeordnung für die sieben östlichen Provinzen der Monarchie vom 3. Juli 1891 (Ges.-S. S. 233) §. 36 Abs. 2 („Wo Naturaldienste zu leisten sind, ist der Gemeindevorsteher bei Säumniß der Pflichtigen befugt, die Dienste durch Dritte leisten und die entstehenden Kosten von den ersteren im Verwaltungszwangsverfahren beitreiben zu lassen") und Entsch. IX S. 57.

Zu §. 13.

1) Die im Eigenthum begründete Befugniß des Eigenthümers, auf seinem Grundstücke nach Belieben menschliche Wohnstätten zu errichten, wird bei fortschreitender Kultur überall bestimmten Beschränkungen unterworfen. Es geschieht dies namentlich durch die Baupolizei- und durch die Ansiedelungsgesetzgebung. Letztere besteht in besonderen im öffentlichen Interesse gegebenen Vorschriften, welche darüber Bestimmung treffen, in welchen Fällen die Gründung neuer Ansiedelungen der polizeilichen Genehmigung bedarf. Die Nothwendigkeit solcher Vorschriften ergiebt

sich namentlich daraus, daß einerseits jeder bewohnte Ort aus polizeilichen Gründen zugänglich sein muß (§. 14 des Gesetzes) und andererseits viele Ansiedelungen, vornehmlich die isolirten und wegen ihrer Lage polizeilich schwer zu überwachenden, den Schutz der Nutzungen benachbarter Grundstücke in hohem Grade gefährden (§. 15 a. a. O.).

2. Der §. 1 definirt im ersten Absatze, was das Gesetz unter „Ansiedelung" versteht. Bei der Berathung des Gesetzes ist jedoch von allen Seiten, insbesondere auch von den Vertretern der Staatsregierung, anerkannt worden, daß es außerordentlich schwierig sei, den Begriff der neuen Ansiedelung in einer alle Zweifel ausschließenden Form im Wege der Gesetzgebung zu präzisiren, weshalb nichts Anderes übrig bleibe, als solche Zweifel der Interpretation und Judicatur im gegebenen Falle zu überlassen (vgl. z. B. den Bericht der Kommission des A. H. und des H. H., Aktenstücke des A. H. 1876 Nr. 143 zu §. 14 und Aktenstücke des H. H. 1876 Nr. 76, Verhandlungen des A. H. S. 1255 ff). Es wird demnach bei der Anwendung des Gesetzes in vielen Fällen die logische Auslegung ausgeübt werden müssen und dürfen, für welche die zum Theil bereits in der Einleitung mitgetheilten Motive (vgl. S. 14 ff.), sowie der Inhalt der Landtagsverhandlungen von großer Bedeutung sind.

3. Abgesehen von den im Absatz 2 behandelten Ausnahmefällen definirt das Gesetz die Ansiedelung als die Errichtung eines Wohnhauses außerhalb einer im Zusammenhange gebauten Ortschaft und stellt der Errichtung eines Wohnhauses die Einrichtung eines schon vorhandenen Gebäudes zum Wohnhause gleich.

Die Motive (a. a. O. S. 498) bemerken hierzu Folgendes:

„Das Gesetz vom 3. Januar 1845 begreift im §. 25 unter einer neuen Ansiedelung zwei Fälle:

1. wenn auf einem unbewohnten Grundstücke, welches nicht zu einem andern bereits bewohnten Grundstücke gehört, Wohngebäude errichtet werden sollen, und
2. wenn ein solches Grundstück, auf dem sich bereits Wohngebäude befinden, vom Hauptgute abgetrennt und nicht einem andern schon bewohnten Grundstücke zugeschlagen wird.

Nach dem ersten Falle dürfen entfernte und unpassend gelegene Parzellen, wenn sie nur rechtlich zu einer bewohnten Besitzung gehören, ohne Ansiedelungskonsens bebaut werden. Dagegen ist ein solcher nach dem zweiten Falle auch dann erforderlich, wenn bereits bestehende und polizeilich genehmigte Gebäude von einem andern Grundstücke getrennt werden und eine selbstständige Besitzung bilden sollen. Zur Wegschaffung dieser Gebäude berechtigt der Mangel des Ansiedelungskonsenses nicht (§. 30), mithin kann nur die Abtrennung verhindert werden, was den Grundsätzen des heutigen Immobiliarsachenrechts widerspricht.

Der Begriff einer neuen Ansiedelung ist in dem ersten Falle zu eng, in dem zweiten Falle zu weit gefaßt.

Der Entwurf hat sich der sachgemäßeren Definition im §. 1 der Westfälischen Verordnung vom 11. Juli 1845 (Ges.-S. S. 496) angeschlossen, welche das Merkmal der Ansiedelung in der Errichtung einer neuen Wohnstätte findet. . . .

Sowohl nach dem Gesetze vom 3. Januar 1845 (§. 1), als nach der Verordnung vom 11. Juli 1845 ist in städtischen Feldmarken nur zu den außerhalb der Stadt oder Vorstadt errichteten Ansiedelungen, auf dem platten Lande dagegen zu jeder Ansiedelung der Ansiedelungskonsens erforderlich. Letzteres erscheint nicht nothwendig. Bei Errichtung von Wohnplätzen in den geschlossenen Dörfern walten ebensowenig wie in den Städten und Vorstädten diejenigen Rücksichten ob, welche für die Ertheilung oder Versagung der Ansiedelungsgenehmigung bestimmend sind. Das öffentliche Interesse wird hier durch die baupolizeiliche Prüfung hinreichend gewahrt. Der Entwurf beschränkt daher das Erforderniß der Ansiedelungsgenehmigung auf die Errichtung von Wohnplätzen außerhalb der im Zusammenhange gebauten Ortschaften."

Der vorstehend angezogene §. 1 der Verordnung vom 11. Juli 1845 lautet: „Zu jeder neuen Ansiedelung auf dem platten Lande innerhalb oder außerhalb eines Dorfes oder in einer städtischen Feldmark, außerhalb der Stadt und Vorstadt, in der Provinz Westfalen, die Ansiedelung mag durch Erbauung eines Wohnhauses (Feuerstelle) oder durch Einrichtung eines schon vorhandenen Gebäudes z. B. eines Stalles zum Wohnhause geschehen, ist, außer dem polizeilichen Baukonsense, noch die Genehmigung des Landraths (§. 9.) erforderlich."

4) Weder das Gesetz noch die Motive enthalten eine Bestimmung darüber, was unter einer „im Zusammenhange gebauten Ortschaft" zu verstehen ist. Aus den Landtagsverhandlungen muß jedoch gefolgert werden, daß das Gesetz unter diesen Begriff schon einen Häuserkomplex, schon jeden thatsächlich im Zusammenhange gebauten Theil einer Ortschaft faßt. Es ergiebt sich dies zunächst aus dem von der Kommission des A. H. erstatteten Berichte. Inhalts desselben wurde gegen den mit dem ersten Absatze des jetzigen §. 13 gleichlautenden §. 14 der Regierungsvorlage geltend gemacht, daß nach dessen Wortlaut die Nachsuchung der Genehmigung zur Ansiedelung noch in vielen Fällen nothwendig sein würde, in welchen dieselbe überflüssig ein müsse. Denn außerhalb des im Zusammenhange gebauten Theils einer Ortschaft lägen, zu derselben gehörig, nicht selten Fabriken, Güter und einzelne Höfe. Wenn die Besitzer solcher Niederlassungen innerhalb ihres Hofes oder bei demselben eine Wohnung z. B. ein Arbeiterhaus neu errichten oder ein Gebäude zu einer solchen Wohnung umbauen lassen wollten, so sei nicht abzusehen, weshalb dazu noch eine Ansiedelungsgenehmigung eingeholt werden solle. Das sei eine unnöthige Belästigung jener Besitzer und verursache unnütze Weiterungen, zumal dergleichen Bauten kaum als neue Ansiedelungen in Betracht kommen könnten. Es werde deshalb beantragt, in dem Paragraphen hinter dem Worte „Ortschaft" einzufügen: „oder außerhalb eines schon besiedelten Raumes". Die Regierungsvertreter erklärten sich gegen diesen Zusatz, dessen Fassung eine nicht glückliche sei, und bemerkten dabei u. A., „ein allein liegendes Gut mit seinen Baulichkeiten sei eine Ortschaft im Sinne der Gesetzesvorlage ebenso wie nach dem Gesetze vom 2. Juli 1875, betreffend die Anlegung und Veränderung von Straßen und Plätzen in den Städten und ländlichen Ortschaften." Im gleichen Sinne äußerte sich der Minister für die landwirthschaftlichen Angelegenheiten in der Sitzung des A. H. vom 6. Mai 1876 dem Abgeordneten

Schlüter gegenüber. Als der Letztere eine Abänderung des nach seiner Ansicht zu unbestimmt gefaßten §. 14 des Entwurfs in Vorschlag brachte und dabei die Frage aufwarf, ob das Gesetz auch in solchen Ortschaften Anwendung finden solle, die nur ihren Kern zusammengebaut, im Uebrigen aber ihre Häuser und Höfe zerstreut liegen haben, erwiderte ihm der Minister Folgendes: „Was den zweiten Satz [nämlich des Schlüterschen Antrags] betrifft, „außerhalb der im Zusammenhange gebauten Theile einer Ortschaft", so meine ich, daß die Fassung doch auch nur eine Umschreibung der vorgeschlagenen ist; denn wenn verschiedene Theile einer Ortschaft für sich im Zusammenhange gebaut sind, so meine ich, daß bei einigermaßen rationeller Auslegung des §. 14, welcher bestimmt, daß die Gesammtheit dieser Theile das Entscheidende sei, jeder im Zusammenhange gebaute Theil einer solchen Ortschaft wie das Ganze behandelt werden muß." In derselben Sitzung drückte ferner der Abgeordnete Dr. Hammacher, welcher die Bezeichnung „Ortschaft" auf ein größeres Gut an sich nicht für anwendbar hielt, seine Befriedigung darüber aus, daß die obige, die allein liegenden Güter betreffende Erklärung der Regierungskommissarien Aufnahme in den Bericht der Kommission gefunden habe, weil nun bei zukünftiger Interpretation des Gesetzes danach verfahren werden könne. Gleichzeitig sprach er seine Ansicht dahin aus, daß gewerbliche Etablissements, wie Brennereien, Zuckerfabriken, Papierfabriken u. dgl. mit demselben Rechte wie die genannten Güter als Ortschaften im Sinne des Gesetzes gelten müßten. Mit Bezug hierauf wurde ihm vom Abgeordneten Frh. von Heereman ohne Widerspruch Seitens der Vertreter der Staatsregierung Folgendes entgegnet: „Wenn nun hier im Allgemeinen gesagt ist: „zusammenhängend gebaute Ortschaften" so glaube ich, trifft dies doch im Wesentlichen die Momente, welche die Herren, die gegen den Paragraphen gesprochen haben, im Auge hatten. Sobald unmittelbar in der Nähe einer Stadt oder in einem Gemenge von Häusern die Ansiedelung angelegt werden soll, so wird man von vornherein sagen, da treffen die Voraussetzungen des Gesetzes nicht zu, und der etwas vage Begriff „Ortschaft" ist meines Erachtens — darin stimme ich mit dem Herrn Minister für landwirthschaftliche Angelegenheiten überein — unter den Schwierigkeiten, die wir einmal haben, ein ganz glücklicher. Ich muß insbesondere auch dem Herrn Abgeordneten Dr. Hammacher widersprechen, daß der Begriff der Ortschaft auf ein größeres Gut nicht sollte angewendet werden können; viele Güter in Westfalen bestehen vielleicht aus 10—15 Häusern, die alle in einer nahen Verbindung liegen; da würde ich, wenn innerhalb dieses Häuserkomplexes ein neuer Bau ausgeführt wird, oder eine Scheune zu einer Wohnung hergerichtet wird, für richtig halten, das Gesetz nicht auf diesen Fall anzuwenden und ich glaube, diesen ganz richtigen Gesichtspunkt würden wir durch die jetzige Fassung des §. 14 wahren. Ebensogut würde eine große Fabrikanlage, die vielleicht aus einigen großen Fabrikgebäuden und verschiedenen Nebengebäuden besteht, nach unseren provinziellen Begriffen allerdings keine Ortschaft im Sinne der Landgemeindeordnung bilden, wohl aber eine Ortschaft im Sinne dieses Gesetzes. Da scheint mir dieser, wie ich zugebe, unbestimmte Ausdruck ganz praktisch." Endlich hat der Minister für die landwirthschaftlichen Angelegenheiten auch noch bei der dritten Berathung des Entwurfs hervorgehoben, wie sein Kommissar und die Kommissare der anderen Minister erklärt hätten, daß es die Meinung des Gesetzes sei, solche Gebäude, welche im Anschluß an bereits bestehende Wohngebäude und ähnliche Etablissements errichtet werden sollen, nicht zu treffen, daß dieselben vielmehr als im Anschluß an eine im Zusammenhange gebaute Ortschaft errichtet angesehen werden sollten (vgl. Verh. d. A. H. S. 1254 ff. und 1279).

Die Landtagsverhandlungen ergeben zugleich, daß die Worte „im Zusammenhange" nicht auf einen wirthschaftlichen oder mechanischen Zusammenhang, sondern auf den räumlichen Zusammenhang, die räumliche Nähe bezogen werden müssen. Sprechen hierfür schon die obigen Erklärungen des Ministers für die landwirthschaftlichen Angelegenheiten, so erhellt es vollends aus folgender Bemerkung, welche der Abgeordnete Frh. von Heereman in der Sitzung des A. H. vom 12. Mai 1876 bei der Berathung des mit dem Absatz 2 des §. 13 gleichlautenden Abänderungsantrags Nr. 217 der Drucksachen machte: „Zusammenhang bedeutet hier nur die räumliche Nähe; also nicht wirthschaftlicher oder mechanischer Zusammenhang, sondern räumlicher Zusammenhang, grade, so wie in dem ersten Theil dieses Paragraphen, der von allen Seiten als annehmbar und richtig betrachtet wird." (Verh. des A. H. S. 1346).

Auf Grund der legislativen Verhandlungen hat auch das Oberverwaltungsgericht in mehrfachen Entscheidungen ausgesprochen, „daß unter einer Ortschaft im Sinne des §. 13 a. a. O. nicht nur eine Stadt- oder Dorfgemeinde, sondern auch ein selbstständiger Gutsbezirk, ein Häuserkomplex und ein thatsächlich im Zusammenhange gebauter Theil einer Ortschaft zu verstehen sind, sowie daß es nicht auf einen wirthschaftlichen oder mechanischen, sondern auf einen räumlichen Zusammenhang, die räumliche Nähe ankommt." Erkenntniß vom 4. Juni 1879 (Entsch. V S. 400); vgl. hierzu Entsch. X S. 322 und XI S. 359, Pr. Verw. Bl. Jahrgang X S. 52, XI S. 359 und XII S. 172.

In den angezogenen und anderen Entscheidungen hat das O. V. G. noch folgende, aus der Natur der Sache sich ergebende Grundsätze aufgestellt:

a. Das Gesetz begreift unter einer im Zusammenhange gebauten Ortschaft keineswegs nur eine solche Mehrheit von Wohnungen, welche im Bewußtsein der Inhaber und Nachbarn, sowie durch offizielle Beilegung oder Benutzung eines Ortsnamens als für sich bestehende örtliche Einheit öffentliche Anerkennung gefunden hat. Erkenntniß des O. V. G. vom 30. April 1884 (Entsch. XI S. 359).

b. Bei Ortschaften mit zerstreut liegenden Gebäuden ist im gegebenen Falle noch festzustellen, ob etwa der Theil des Ortes, innerhalb dessen die in Frage kommenden Gebäude errichtet werden sollen, als eine im Zusammenhange erbaute Ortschaft zu erachten ist. Erkenntniß des O. V. G. vom 29. November 1882 (Entsch. IX S. 340).

c. Eine im Zusammenhange gebaute Ortschaft kann auch dadurch hergestellt werden, daß eine Straße oder ein Weg der

Länge nach mit einer Reihe von Wohnhäusern besetzt wird; eine solche Ortschaft kann deshalb auch da vorhanden sein, wo nur die eine Seite eines Weges bebaut ist. In diesem Falle geht die Eigenschaft der im Zusammenhange gebauten Ortschaft noch nicht durch den Abbruch eines Hauses verloren, wenn Letzterer nur zu dem Zwecke erfolgt, den Neubau vorzubereiten. Erkenntniß des O. V. G. vom 14. October 1890 (Pr. V. Bl. Jahrgang XII S. 172); vgl. Entsch. XIV S. 401).

d. Unter einer „Ortschaft" im Sinne des Gesetzes ist auch eine im Zusammenhange gebaute oder bestehende Colonie zu verstehen. Erkenntniß des O. V. G. vom 6. September 1888 und vom 18. Februar 1890 (Pr. V. Bl. Jahrgang X S. 52 und XI S. 359).

e. Der Begriff der „im Zusammenhange gebauten Ortschaft" hat keineswegs die Feststellung eines Bebauungsplans nach dem Gesetze vom 2. Juli 1875 (Ges.-S. S. 561) zur Voraussetzung. Erkenntniß des O. V. G. vom 13. Februar 1884 (Entsch. X S. 322).

5. Aus den Motiven zum § 15 des Gesetzes, welches das Hauptbedenken gegen die schrankenlose Ansiedelungsfreiheit in der Gefahr für die benachbarten Forsten und Felder erblickt (vgl. Anm. §. 1 zu §. 15) und deshalb die von Ortschaften entfernten und isolirt belegenen Ansiedelungen möglichst beschränken will, erhellt, daß der Gegensatz von den Worten „außerhalb einer im Zusammenhange gebauten Ortschaft" in dem Worte „innerhalb," nicht etwa im Begriffe der nicht im Zusammenhange gebauten Ortschaft zu suchen ist. Aus dem §. 13 kann deshalb nicht gefolgert werden, daß es zur Errichtung eines Wohnhauses innerhalb wie außerhalb einer nicht im Zusammhange gebauten Ortschaft der polizeilichen Genehmigung nicht bedarf; denn eine derartige Folgerung würde der Absicht des Gesetzes widersprechen. Es handelt sich also stets um eine der Genehmigung bedürftige Ansiedelung, wenn ein Wohnhaus nicht innerhalb einer im Zusammenhange gebauten Ortschaft errichtet wird, während umgekehrt die Errichtung eines Wohnhauses innerhalb einer solchen Ortschaft nach dem Gesetze an eine polizeiliche Erlaubnis nicht

gebunden ist. Erkenntnisse des O. V. G. vom 29. November 1882, 27. Juni 1885, 9. April 1888 und 3. Dezember 1889 (Entsch. IX S. 340 und XII S. 371; Pr. V. Bl. Jahrgang X S. 101 und XI S. 275).

Ob ein Gebäude außerhalb oder innerhalb einer im Zusammenhange gebauten Ortschaft liegt, ist eine Frage thatsächlicher Natur, welche nach Lage des einzelnen Falls beurtheilt werden muß und zu Zweifeln Veranlassung geben kann. Für die Auslegung des Gesetzes in der hier fraglichen Beziehung geben übrigens die Verhandlungen in der Kommission des A. H. einen Anhalt. In derselben wurde beantragt, dem Eingange des Paragraphen folgende Fassung zu geben:

„Wer in einer Entfernung von mehr als 100 Metern von einer im Zusammenhange gebauten Ortschaft ein Wohnhaus errichten will u. s. w."

Für diese Abänderung wurde geltend gemacht, daß die Worte der Regierungsvorlage „im Zusammenhange gebauten" die Deutung zuließen, es müßte schon zur Errichtung eines Hauses, welches sich an das letzte Haus einer Ortschaft unmittelbar anschließe, die Ansiedelungsgenehmigung erfordert werden, weil das neue Haus streng genommen außerhalb der Ortschaft errichtet werde; ja, die Verwaltungsgerichte würden nicht wohl anders entscheiden können. Es könne indeß kein Bedenken haben, in nicht großer Entfernung von einer Ortschaft sich frei ansiedeln zu dürfen, da in einem solchen Falle nicht behauptet werden könne, daß durch die Ansiedelung die derselben benachbarten Grundstücke mehr gefährdet würden als durch die Ortschaft selbst. Von den Vertretern der Staatsregierung wurde gegen den Antrag geltend gemacht: Die vorgeschlagene Entfernung von einer Ortschaft aus, innerhalb deren die Ansiedelungsgenehmigung entbehrlich sein solle, mache das Gesetz nicht klarer. Es bleibe ungewiß, von welchem Punkte aus die 100 Meter gemessen sein sollten. Außerdem sei es wohl möglich, daß unter Umständen, namentlich in Gebirgsgegenden, eine Lokalität, welche nur 100 Meter vom Orte belegen sei, schwerer zu beaufsichtigen und den Nachbaren gefährlicher sei, als eine Ansiedelung in größerer Entfernung, die sich auf einem freien Raum befinde. Der Staat beschränke bei einer neuen Ansiedelung sein Interesse darauf, daß er nur einen jederzeit offenen Weg nach der Ansiedelung hin verlange. Dies Interesse könne aber auch schon in Frage kommen bei Ansiedelungen innerhalb 100 Meter von einer Ortschaft. Endlich dürfe man sich der Zuversicht hingeben, daß die Verwaltungsgerichte in allen dergleichen Fällen, als sie der Antragsteller im Auge habe, das Recht auf Ansiedelungen, falls es bestritten werden sollte, zur Geltung bringen würden. Mit Rücksicht auf diese Ausführungen wurde sodann der obige Antrag abgelehnt. Hiernach wird man annehmen können, daß das Wort „außerhalb" nicht unbedingt im buchstäblichsten Sinne verstanden zu werden braucht, daß also z. B. ein Wohnhaus, welches im unmittelbaren Anschluß an das letzte Haus einer im Zusammenhange gebauten Ortschaft errichtet werden soll, nicht unter den Begriff der Ansiedelung fällt. Vgl. auch das Erkenntniß des O. V. G. vom 9. April 1888 (Pr. V. Bl. Jahrgang X S. 101), nach welchem es sich um eine Neuansiedelung handelt, weil die Baustelle 150 Meter von dem letzten Hause des — im Zusammenhange gebauten — Dorfes E. liegt und das Erkenntniß vom 10. Juni 1890 (Entsch. XIX S. 400), in welchem das O. V. G. anscheinend für ein am Ende des Dorfes zu errichtendes Wohnhaus eine Ansiedelungsgenehmigung nicht für erforderlich hält.

6. „Wohnhaus."

a. Der §. 1 der Westfälischen Verordnnng vom 11. Juli 1845 (vgl. Anm. 3.) enthält hinter dem Worte „Wohnhaus" den erläuternden Zusatz „Feuerstelle". Letzterer ist fortgelassen, um die Anwendung des Gesetzes auf Niederlassungen, wie sie ohne Feuerungsanlagen zu vorübergehenden Zwecken errichtet werden, nicht auszuschließen, da gerade solche Niederlassungen den Schutz der benachbarten Grundstücke gefährden können. (Motive a. a. O. S. 498.)

b. Auch für die Errichtung von Gebäuden, welche zu Wohnhäusern für Eisenbahnwärter und deren Familien bestimmt sind, ist die Ertheilung der Ansiedelungsgenehmigung erforderlich. „Wie auch der Vorderrichter annimmt, ist die Frage, ob für

Wohngebäude der Bahnwärter mit Rücksicht auf ihre Bestimmung zu Eisenbahnzwecken überhaupt eine Ansiedelungsgenehmigung erforderlich sei, zu bejahen, da in §. 13 des Ansiedelungsgesetzes vom 25. August 1876, welcher allgemein die Einholung einer solchen Genehmigung für alle außerhalb einer im Zusammenhange gebauten Ortschaft zu errichtenden Wohngebäude verordnet, eine Ausnahme für die zu Eisenbahnzwecken bestimmten Wohngebäude nicht vorgesehen und ein Antrag im Absatz 2 des §. 13 für Wohnhäuser „zum Zwecke der Eisenbahnanlagen" eine Ausnahme hinzuzufügen, von der Kommission des Herrenhauses sogar ausdrücklich abgelehnt worden ist (vgl. Drucksachen des H. H. 1875/76 Nr. 76 S. 2). Daraus folgt aber weiter, daß, auch wenn die beabsichtigten Bauten nicht im Privatinteresse der Bahn, sondern im Interesse des Eisenbahnbetriebes als nothwendig erachtet worden sind, doch die Einholung der Ansiedelungsgenehmigung nicht entbehrt werden kann. Der §. 4 des Gesetzes über die Eisenbahnunternehmungen vom 3. November 1838 (welcher, wenngleich zunächst für Privatbahnen gegeben, doch auch stets auf Staatsbahnen für anwendbar erklärt worden ist) setzt, indem er die Genehmigung der Bahnlinie in ihrer vollständigen Durchführung durch alle Zwischenpunkte dem Handelsministerium vorbehält, allerdings voraus, daß auch die in die Bahnlinie fallenden Gebäude, wie Bahnhöfe, Wärterhäuser u. s. w. der Genehmigung des Handelsministeriums (jetzt des Ministeriums der öffentlichen Arbeiten) unterliegen (vgl. Oppenhoff: Ressortverhältnisse S. 317 Anmerkung 2). Allein dadurch ist nicht ausgeschlossen, daß hierbei noch andere Behörden mitzuwirken haben, sofern dieselben nach allgemeinen Grundsätzen bezüglich einzelner dabei in Betracht kommender Punkte betheiligt sind z. B. bezüglich der Baupolizei die Ortspolizeibehörden (vgl. Entscheidung des zweiten Senats des Oberverwaltungsgerichts vom 5. September 1878). Weder der Wortlaut des §. 4 spricht für eine ausschließliche Zuständigkeit des Handelsministeriums in dieser Hinsicht, noch ist solche aus dem Zusammenhange des Gesetzes zu entnehmen. Insbesondere kann von einer analogen Anwendung des §. 8 nicht die Rede sein, da eine Entschädigung wegen des angeblichen Wegfalls des Einspruchsrechts hier nicht in Frage steht. In diesem Sinne geht auch das Circular-Rescript des Ministers des Innern vom 27. April 1854 davon aus, daß vor Ertheilung des Baukonsenses zu Bahnwärterwohnungen unmittelbar an der Bahnstrecke die Abgabenregulirung in Gemäßheit der Gesetze vom 3. Januar 1845 und 24. Mai 1853 seitens der landräthlichen Behörden nöthig sei und ebenso hat sich derselbe Minister in einem Rescripte an die Direction der Berlin-Hamburger Eisenbahngesellschaft vom 30. April 1862 für die Anwendbarkeit der Vorschriften der gedachten Gesetze auf die von Eisenbahngesellschaften zu erbauenden Wohngebäude erklärt."

c) Die für Hannover, Schleswig-Holstein und Hessen-Nassau ergangenen Gesetze enthalten noch die Bestimmung (§. 14 Abs. 3 bezw. §. 1 Abs. 3):

„Zu den Wohnhäusern im Sinne dieses Paragraphen gehören auch die aus Holz, Torf, Stroh, Soden oder anderen geringen Baumaterialien angefertigten Unterkunftsstätten, sofern dieselben nicht nur vorübergehend, z. B. für die Dauer einer bestimmten Arbeit, zum Aufenthalte, sondern dauernd zu einer Wohnung von Menschen dienen sollen."

Die Motive zum Gesetze vom 4. Juli 1887 (Stenographische Berichte 1887 H. H. Aktenstücke Nr. 40) bemerken hierzu:

„Im dritten Absatz dieses Paragraphen ist nach einem Antrage der Central-Moorkommission der Begriff des Wohnhauses im Hinblick auf die in den Haide- und Moordistrikten der Provinz häufig vorkommenden Ansiedelungen primitivster Art auch auf Hütten u. s. w. ausgedehnt worden."

7. „Ansiedelungsgenehmigung". Vgl. §. 14 der Ausführungsanweisung, nach welcher es der Ausstellung einer Genehmigungs-Urkunde durch die Ortspolizeibehörde auch dann bedarf, wenn Letztere die Genehmigung versagt, auf die Klage des Antragstellers aber im Verwaltungsstreitverfahren endgültig entschieden worden ist, daß die Ansiedelungsgenehmigung zu ertheilen sei.

8. Ansiedelungsgenehmigung und Bauerlaubniß.

a. „Die Frage, ob ein neues Wohngebäude errichtet werden darf, ist von anderen Gesichtspunkten abhängig, als die Frage, wie zu bauen ist. Die Ansiedelungsgenehmigung fällt daher mit der Bauerlaubniß nicht zusammen. Damit die Nachsuchung der ersten nicht versäumt wird, soll erst, nachdem sie erlangt ist, die Bauerlaubniß ertheilt werden dürfen" (Motive a. a. O. S. 498).

b. Die Ertheilung der Ansiedelungsgenehmigung macht die in Betreff der baupolizeilichen Erfordernisse nachzusuchende Bauerlaubniß nicht entbehrlich; die Bauerlaubniß für ein Wohnhaus darf auch dann noch versagt werden, nachdem die Ansiedelungsgenehmigung in Betreff desselben Grundstücks dem Unternehmer endgültig zuerkannt worden ist. „Allerdings lautet der §. 13 des Ansiedelungsgesetzes vom 25. August 1876 (Ges.=S. S. 405) in seinem ersten Satze:

„Wer außerhalb einer im Zusammenhange gebauten Ortschaft ein Wohnhaus errichten oder ein schon vorhandenes Gebäude zum Wohnhause einrichten will, bedarf einer von der Ortspolizeibehörde zu ertheilenden Ansiedelungs=Genehmigung.

Daraus darf indeß nicht der Schluß gezogen werden, daß die Ertheilung der Ansiedelungsgenehmigung dem Unternehmer unbedingt ein Recht gebe, auf dem fraglichen Grundstücke ein Wohnhaus zu erbauen oder in einem vorhandenen Gebäude eine Wohnung einzurichten. Dem beugt das Gesetz selbst vor, indem es jener Bestimmnng sofort die weitere Vorschrift folgen läßt:

Vor deren Aushändigung darf die polizeiliche Bauerlaubniß nicht ertheilt werden.

Hierin hat der — übrigens ohnehin nicht zweifelhafte — Satz noch besonders Anerkennung gefunden, daß durch die Ansiedelungsgenehmigung der Baukonsens nicht entbehrlich gemacht ist. . . Durch die Ansiedelungsgenehmigung soll nichts weiter als die Gründung einer neuen Ansiedelung gestattet werden. Dazu gehört nun allerdings nach dem Begriffe, welchen der oben wiedergegebene erste Satz im §. 13 des Gesetzes aufstellt, auch die Herrichtung einer Wohnung; das Charakteristische der Ansiedelung ist aber nicht die Schaffung einer neuen Wohnung, sondern die Thatsache, daß eine Wohnung „außerhalb einer im Zusammenhange gebauten Ortschaft" hergestellt werden soll. Dieser Umstand macht außer dem Baukonsense noch eine weitere Genehmigung, eben die Ansiedelungsgenehmigung, nothwendig; er hat den Gesetzgeber veranlaßt, diese Genehmigung an bestimmte Voraussetzungen, wie sie in den §§. 14 und 15 näher bezeichnet sind, zu knüpfen, und bezieht sich deshalb auch das Verfahren, welches bei einer beabsichtigten neuen Ansiedelung in Gemäßheit des Gesetzes eintritt, nur auf die Frage, ob die Genehmigung mit Rücksicht auf jenen Umstand zufolge der in den §§. 14 und 15 getroffenen Bestimmungen zu versagen ist. Soweit also die Verweigerung eines Baukonses auf andere Gründe gestützt wird, ist weder die Polizeibehörde noch der Verwaltungsrichter durch die in dem Ansiedelungsverfahren ergangene Entscheidung gebunden." Erk. des O.V.G. vom 5. Mai 1881 (Entsch. VII S. 314); vgl. Pr.V.Bl. Jahrgang II S. 135 und IV S. 196.

c. Der Abgeordnete Kallenbach hatte bei der zweiten Berathung des Entwurfs bemängelt, daß derselbe keine Bestimmung darüber enthalte, was dann geschehen solle, wenn Jemand ein Wohnhaus bauen wolle und behaupte, es läge keine Ansiedelung vor, während die Ortspolizeibehörde vermeine, daß dies der Fall sei. Bei der dritten Lesung hatte er deshalb beantragt, hinter dem §. 13 folgendes neues Alinea hinzuzufügen:

> „Wird Letztere aus dem Grunde versagt, weil der Bau eine Ansiedelung in dem Sinne dieses Gesetzes sei und deshalb zuvörderst die Ansiedelungsgenehmigung von der Ortspolizeibehörde ertheilt werden müsse, während der Bauunternehmer seinerseits bestreitet, daß der Fall einer Ansiedelung vorliege, so ist die Streitfrage über die Erforderlichkeit der Ansiedelungsgenehmigung im Verwaltungsstreitverfahren zu erledigen"

und diesen Antrag nur zurückgezogen, weil die fragliche Materie voraussichtlich in dem Kompetenzgesetze in seinem Sinne geordnet würde. Schon bei der zweiten Berathung des Gesetzes war ihm von Seiten des Ministers für die landwirthschaftlichen Angelegenheiten entgegengehalten worden, daß eine Lücke des Entwurfs nicht vorliege. Wolle Jemand einen Bau vornehmen und gehe von der Ansicht aus, es handle sich um keine Ansiedelung, sondern um einen gewöhnlichen Bau, so komme er in Folge dessen nicht um den Ansiedelungskonsens, sondern um den Baukonsens ein. Finde dann die Polizeibehörde, es komme eine Ansiedelung in Frage, so inhibire sie den Bau. Dagegen könne dann von dem Unternehmer der Beschwerdeweg eingeschlagen werden, wie er in den allgemeinen Kompetenzvorschriften vorgeschrieben sei und das Verfahren des Entwurfs trete nur dann ein, wenn dahin entschieden werde, daß eine Ansiedelung vorliege (vgl. Drucksachen a. a. O. Nr. 201 und Verhandlungen a. a. O. S. 1256 und 1275).

Diesen Ausführungen kann nur beigepflichtet werden, so daß sich, wie auch das O.V.G. angenommen hat, das Verfahren folgendermaßen gestaltet:

Bewirbt sich Jemand um einen Baukonsens, so muß ihm derselbe versagt werden, wenn zu dem Bau nach Lage der Sache eine Ansiedelungsgenehmigung erforderlich ist; es ist dann nach den Bestimmungen der §§. 127 ff. des Gesetzes über die allgemeine Landesverwaltung vom 30. Juli 1883 über das Erforderniß der Ansiedelungsgenehmigung als Hinderungsgrund für die Ertheilung des Baukonsenses zu entscheiden. Dieses Verfahren vollzieht sich lediglich zwischen der Polizeibehörde und dem Antragsteller. Ist bereits — ohne Ertheilung der Ansiedelungsgenehmigung — gebaut, so kommt es darauf an, ob dies ohne Baukonsens oder mit solchem geschehen ist. Im ersteren Falle hat die Polizeibehörde zu verfügen, daß der Unternehmer binnen bestimmter Frist die Ansiedelungsgenehmigung nachzusuchen oder das Haus als Wohnhaus zu beseitigen, jedenfalls es vorläufig nicht als solches zu benutzen habe. Diese Verfügung ist nach den §§. 127 ff. a. a. O. anfechtbar, in Folge dessen wiederum zwischen dem Unternehmer und der Polizeibehörde darüber zu entscheiden ist, ob der Fall der Ansiedelung vorliegt oder nicht. Ist dagegen der Baukonsens ertheilt und sind die Nachbarn der Ansicht, daß dies zu Unrecht geschehen sei, so steht ihnen frei, die

Intervention der Aufsichtsbehörde anzurufen, ganz ebenso, wie wenn etwa eine Ansiedelungsgenehmigung ertheilt worden ist, ohne daß das Verfahren nach den §§. 16 ff. des Gesetzes stattgefunden hat. Die Aufsichtsbehörde hat dann materiell zu prüfen und eventuell die Polizeibehörde anzuweisen, daß dieselbe so verfährt, als wenn ein Baukonsens nicht vorläge. Vgl. Erk. des O.V.G. vom 5. Januar 1881 (Entsch. VII S. 332) und vom 5. November 1884 (Pr.V.Bl. Jahrgang VI S. 82).

d. Nach dem Ansiedelungsgesetze kann immer nur über die Frage entschieden werden, ob ein Wohnhaus so wie beabsichtigt an bestimmter Stelle überhaupt gebaut werden darf oder nicht. Polizeiliche Vorschriften zur Beschränkung oder näheren Regelung des Gebrauchs sind rechtlich unzulässig. Dieselben können auch nicht durch Willfährigkeit des Anbauers, sich ihnen unterwerfen zu wollen, ermöglicht werden, da sich die polizeiliche Zuständigkeit nach objectiven öffentlich rechtlichen Normen regelt, außerdem auch einem solchen Verfahren wichtige öffentliche Interessen entgegenstehen würden, namentlich die Unthunlichkeit der polizeilichen Durchführung und Ueberwachung der so geschaffenen Schranken. Erk. des O.V.G. vom 5. November 1884 (Pr.V.Bl. Jahrgang VI S. 82. In dem dort entschiedenen Falle hatte der Kläger den eventuellen Antrag gestellt, es möge die Ansiedelungsgenehmigung mit der Maßgabe ertheilt werden, daß das fragliche Haus nur den in seinem Wirthschaftsbetriebe beschäftigten Arbeitsleuten zu Wohnzwecken dienen dürfe).

9. Der Absatz 2 des §. 13 bestimmt diejenigen Fälle, in welchen das Gesetz eine Ausnahme von der Vorschrift des Absatz 1 zuläßt und eine Ansiedelungsgenehmigung nicht für erforderlich erklärt, obwohl es sich um die Errichtung eines Wohnhauses außerhalb einer im Zusammenhange gebauten Ortschaft handelt. Derselbe fehlte in der Regierungsvorlage und ist erst bei der dritten Berathung des Gesetzes im A. H. hinzugefügt worden. Schon bei der zweiten Lesung im A. H. wurde geltend gemacht, daß die Fassung des Entwurfs eine zu unbestimmte sei, da derselbe sämmtliche Ortschaften — Städte, Flecken, Dörfer und Gutsbezirke — in im Zusammenhange gebaute und in nicht im

Zusammenhange gebaute eintheile. Es müsse aber präziser auf die Städte zurückgekommen werden, da man nicht von einer Ansiedelung reden könne, wenn Jemand in einem Stadttheile, für welchen bereits Straßen vorgesehen seien und ein Bauplan aufgestellt worden sei, außerhalb des geschlossenen Komplexes ein Wohnhaus bauen wolle. Auch könnten unbedenklich überall da, wo bereits eine geschlossene Niederlassung vorhanden sei, im Anschlusse an dieselbe Neubauten bezw. Umbauten ohne weitere Ansiedelungsgenehmigung vorgenommen werden (vgl. Verh. des A. H. 1876 S. 1254 ff.). Bei der dritten Lesung wurde sodann der von den Abgeordneten Frh. von Heereman, Kummert, Schlüter und Stengel eingebrachte, mit dem jetzigen Absatz 2 des §. 13 gleichlautende Antrag Nr. 217 der Drucksachen vom A. H. unter Zustimmung des Ministers für die landwirthschaftlichen Angelegenheiten zum Beschluß erhoben (vgl. Verh. a. a. O. S. 1344 ff.). Der Abgeordnete Frh. von Heereman erklärte, der Antrag bezwecke „diejenigen Fälle auszuschließen, in denen ein neuer Anbau ohne alle Bedenken ausgeführt werden kann und in denen man daher denjenigen, die einen Bau ausführen wollen, das beschwerliche und formell etwas zeitraubende Verfahren der Erlangung einer Ansiedelungsgenehmigung gern ersparen möchte."

10. Die erste Ausnahme von der Regel des §. 13 betrifft Wohnhäuser, welche in den Grenzen eines nach dem Gesetze, betr. die Anlegung und Veränderung von Straßen und Plätzen in Städten und ländlichen Ortschaften, vom 2. Juli 1875, (Ges.-S. S. 561) festgestellten Bebauungsplans errichtet oder eingerichtet werden sollen. Dieselbe beruht auf der Erwägung, daß hier die Gründe, welche die polizeiliche Genehmigung einer Ansiedelung im Allgemeinen nothwendig machen (vgl. Anm. 1), fortfallen, weil bereits mehr oder weniger städtische Verhältnisse vorliegen und Bedenken wegen des Schutzes benachbarter Grundstücke nicht erhoben werden können. Vgl. im Uebrigen §. 12 des Gesetzes vom 2. Juli 1875, welcher die Gemeinden in den Stand setzt, der Errichtung von Wohngebäuden an Straßen, welche noch nicht gemäß der baupolizeilichen Bestimmungen des Orts für den

öffentlichen Verkehr und den Anbau fertig gestellt sind, mit Erfolg entgegenzutreten.

Das Gesetz macht die Aufstellung eines Bebauungsplanes übrigens nicht obligatorisch. „Dabei ist der von dem Mitbeklagten Grafen D. aufgestellten Ansicht, daß die Errichtung eines Wohnhauses die Ansiedelungsgenehmigung auch dann erheische, wenn sie zwar innerhalb einer geschlossenen Ortschaft, aber doch nicht in den Grenzen eines nach dem Gesetze vom 2. Juli 1875 festgestellten Bebauungsplans erfolge, als zu weitgehend nicht beizupflichten. Denn das nebenbezeichnete Gesetz macht die Festsetzung eines Bebauungsplans keineswegs obligatorisch und, wo es an einem solchen überhaupt mangelt, bedarf es um deswillen allein keineswegs der Genehmigung zur Ansiedelung dann, wenn neue Wohnstätten innerhalb einer im Zusammenhange gebauten Ortschaft errichtet werden sollen." Erk. des O. V. G. vom 29. November 1882 (Entsch. IX S. 340).

11. Die zweite Ausnahme des Absatz 2 bezieht sich auf Wohnhäuser, welche auf einem bereits bebauten Grundstücke im Zusammenhange mit bewohnten Gebäuden errichtet oder eingerichtet werden sollen. Dieselbe rechtfertigt sich dadurch, daß bei der Erweiterung einer bereits bestehenden Niederlassung die Gründe für eine besondere polizeiliche Genehmigung ebenfalls fehlen und in vielen Fällen Neu- und Umbauten im Anschluß an bereits vorhandene Etablissements lediglich zur Erreichung derjenigen Zwecke, denen die Niederlassung zu dienen bestimmt ist, oder zur Verbesserung derselben ausgeführt werden müssen. Die fragliche Bestimmung hat übrigens der Hauptsache nach nicht neues Recht geschaffen, sondern nur das bestehende Recht aufrecht erhalten (vgl. die Anm. 3 mitgetheilten Motive, das Rescript des Ministers des Innern vom 3. Juli 1845 Pr. Bl. S. 172 — und Lette und v. Roenne a. a. O. Bd. II S. 187).

12. Der zweite Ausnahmefall des §. 13 Abs. 2 liegt nur dann vor, wenn der Besitzer des bereits bebauten Grundstücks auf diesem selbst (auf dem eigenen Grundstücke) im Zusammenhange mit seinen bereits bewohnten Gebäuden ein Wohnhaus errichten ꝛc. will; er liegt dagegen nicht vor, wenn auf einem nach-

barlichen Grundstücke im Anschluß an vorhandene Gebäude eine Niederlassung errichtet werden soll. Eine Befreiung von der Ansiedelungsgenehmigung auch für den letzteren Fall herbeizuführen, bezweckte der von den Abgeordneten Dr. Hammacher, Stengel und Loewenstein gestellte Antrag, dem §. 13 folgenden Zusatz zu geben:

„Eine Ansiedelungsgenehmigung ist nicht erforderlich, wenn das Wohnhaus innerhalb eines nach dem Gesetze vom 2. Juni 1875 festgestellten Bebauungsplanes oder im Anschluß an bereits vorhandene bewohnte Gebäude errichtet werden soll."

Dieser Antrag wurde jedoch vom A. H. abgelehnt, nachdem der Vertreter der Staatsregierung geltend gemacht hatte, daß derselbe dem Sinne des Gesetzes widerspreche. Denn es sei denkbar, daß an einer Stelle einer Feldmark eine früher genehmigte Ansiedelung bestehe, von welcher die Erfahrung gezeigt habe, daß ihre Bewohner die umliegenden Grundstücke in hohem Grade beschädigten. Solle nun eine neue Hütte von ähnlichen Ansiedlern in unmittelbarer Nachbarschaft der ersteren angelegt werden, so sei nach dem Antrage Hammacher eine Ansiedelungsgenehmigung nicht erforderlich. Im Laufe der Debatte erklärte sich auch der Abgeordnete Freiherr von Heereman gegen die fragliche Aenderung und äußerte sich dabei folgendermaßen:

„Der Abgeordnete Dr. Hammacher hat geglaubt, es sei eine theoretische Auffassung, daß, wenn die Gebäude überhaupt im Zusammenhange lägen, und zwar von demselben Besitzer, man die Sache anders betrachte, als wenn zwei verschiedene Besitzer vorhanden sind, und also nicht ein bewohntes Grundstück vorliegt. Meine Herren, das ist meiner Meinung nach eine durchaus praktische Scheidung; wenn einer im Zusammenhang mit seinen Gebäuden auf seinem Grundstück ein neues Gebäude errichtet, so ist anzunehmen, daß eine solche Ansiedelung die Gefahren nicht bietet, denen wir entgegentreten wollen. Liegt aber z. B. ein ganz kleines Grundstück fern am Walde, worauf ein Büdner sich angesiedelt hat, von dem ich annehmen will, daß er sich etwa mit Holzfrevel beschäftigt, und es will sich unmittelbar daneben ein zweiter anbauen, so kann in der Ansiedelung wohl eine Gefahr liegen." (Verhandlungen a. a. O. S. 1344 ff. Drucksachen a. a. O. Nr. 224 ad 1.)

Vgl. das Erkenntniß des O. V. G. vom 3. Dezember 1889 (Preuß. V. Bl. Jahrgang XI S. 275): „Und wenn Kläger dieselbe [die Ansiedelungsgenehmigung] nach dem Schlußsatz des mehrgedachten §. 13 nicht für erforderlich hält, weil die projektirten Häuser auf einem schon bebauten Grundstücke im Zusammenhange mit bewohnten Gebäuden, insonderheit dem des Bahnwärters P. errichtet werden sollten, so kann nach den Akten kein Zweifel darüber bestehen, daß die bereits vorhandenen Gebäude des P. und des Restaurateurs T. nicht auf dem Baugrundstücke des Klägers, sondern auf eigenem Grundbesitze der Genannten errichtet sind, also die Voraussetzung des Schlußsatzes des §. 13 thatsächlich nicht vorliegt."

13. „Im Zusammenhange." Zum Begriff der Errichtung von Wohnhäusern im Zusammenhange mit bewohnten Gebäuden im Sinne des Gesetzes gehört zunächst, daß ein räumlicher Zusammenhang, räumliche Nähe besteht. Es folgt dies aus dem oben Anm. 4 Gesagten und aus folgender Auslassung des Abgeordneten Freiherr von Heereman (Verhandlungen a. a. O. S. 1344):

„Nun glaube ich, daß die Absicht nur solche Fälle [nämlich Neubauten im Zusammenhange mit einem bestehenden Etablissement] auszuschließen, aus der Fassung des Kollegen Hammacher nicht so präcise und klar hervorgeht; er sagt nämlich: „im Anschluß," — ob nun faktischer oder ideeller Anschluß, ist eine zweifelhafte Frage, während in unserem Antrage das Wort „Zusammenhang" unbedingt etwas Oertliches verstanden wissen will, auch dies nur darunter verstanden werden kann. Zugleich schließt diese Bezeichnung sich an den Ausdruck zu Anfang des Paragraphen an, welcher lautet: „außerhalb einer im Zusammenhange gebauten Ortschaft."

Die räumliche Nähe allein genügt aber nicht; es muß hinzukommen, daß die neue Anlage unmittelbar Zwecken des bereits bestehenden Gebäudes dienen soll (vgl. Anm. 11). Dagegen ist ein mechanischer Zusammenhang nicht erforderlich. „Unter dem Zusammenhange mit einem bewohnten Gebäude im Sinne des letzten Absatzes des §. 13 des Gesetzes ist allerdings nicht lediglich ein mechanischer Zusammenhang verstanden. Derselbe kann — die unter allen Umständen erforderliche räumliche Nähe immer vorausgesetzt — auch in der wirthschaftlichen Beziehung, in die ein Neubau zu dem vorhandenen Wohnplatze treten soll, verstanden werden. Eine solche wirthschaftliche Beziehung ist jedoch nicht darin zu erblicken, daß beiderlei Anlagen — das projektirte und das vorhandene Wohnhaus — einem Dritten zu gemeinschaftlichem Zwecke, hier dem Grubenvereine als dem gemeinsamen Eigenthümer zu seinem Gewerbebetriebe, dienen, sondern es muß diese Beziehung des einen zum andern eine unmittelbare sein der Art, daß die Neuanlage zum wirthschaftlichen Gebrauche des bestehenden Gebäudes selbst bestimmt ist." Erk. des O. V. G. vom 30. April 1884 (Entsch. XI S. 359).

Unter „bewohnten Gebäuden" sind hier nur Wohnhäuser zu verstehen, welche dauernd zur Wohnung von Menschen dienen sollen. „Die konsentirte Kochgelegenheit zu Restaurationszwecken gewinnt nicht die Bedeutung, die Sommerhalle als Wohnhaus zu qualifiziren. Ein Gleiches gilt von der Behauptung, daß die Halle während der Sommermonate dem aufwartenden Kellner auch zum Nachtaufenthalt gedient habe." Erk. des O. V. G. vom 27. Juni 1883 (Pr. Verw. Bl., Jahrgang IV S. 365).

Zu § 14.

1. „Jeder bewohnte Ort muß aus Gründen der Sicherheits- und Feuerpolizei, zu Zwecken der Steuererhebung und Einquartierung, im Kirchen- und Schulinteresse jeder Zeit durch einen offenen Weg zugänglich sein. Ungeeignet zur Errichtung von Ansiedelungen sind daher solche Oertlichkeiten, zu denen ein solcher Weg nicht führt oder nicht geführt werden kann. Die Ansiedelung an solchen Plätzen ist zu versagen. Wenn ein Weg noch nicht vorhanden ist, aber hergestellt werden kann, so muß die Herstellung gesichert sein, ehe die Ansiedelungsgenehmigung ertheilt

wird. Schon durch diese Bestimmungen wird der Errichtung von Ansiedelungen an sehr entlegenen und unzugänglichen Orten gesteuert werden." (Motive a. a. O. S. 495.)

Die fehlende Zugänglichkeit durch einen jederzeit offenen Weg bildet also einen obligatorischen, vom Standpunkte der gemeinen Wohlfahrt der Fürsorge der Polizei unterstellten Versagungsgrund; die Ansiedelungsgenehmigung ist von Amtswegen zu versagen, wenn dies Erforderniß fehlt. Vgl. Erk. des O. V. G. vom 17. Februar 1883 (Pr. V. Bl., Jahrgang IV S. 190) und vom 19. März 1884 (Pr. V. Bl., Jahrgang V S. 222).

2. Ein Weg ist dann „ein jederzeit offener," wenn er jederzeit zugänglich und passirbar ist. Erk. des O. V. G. vom 30. Juni 1888 (Pr. V. Bl., Jahrgang IX S. 415).

3. Es ist nicht erforderlich, daß der jederzeit offene Weg zugleich ein öffentlicher Weg ist. „Zunächst muß beiden Vorderrichtern darin beigepflichtet werden, daß die zu den Bahnwärterhäusern führenden Schutzstreifen an der Bahn, wenngleich sie nur Privatwege sind, doch die Eigenschaft von offenen Wegen haben." Erk. des O. V. G. vom 25. Juni 1879 (Entsch. V S. 392). Vgl. Entsch. XVII S. 322.

Der Bestimmung des § 14 liegt „das Rechtsprinzip von allgemeiner Bedeutung zu Grunde, daß nicht jeder Wohnplatz durch einen öffentlichen Weg zugänglich zu sein braucht, und daher auch dem Träger der öffentlichen Wegebaulast nicht die Verpflichtung obliegt, die öffentlichen Wege bis zu jedem Wohnplatz hin zu erstrecken." (Entsch. XVII S. 317.)

4. Der jederzeit offene Weg muß unmittelbar auf das zu bebauende Grundstück führen. Erk. des O. V. G. vom 17. Februar 1883 (Pr. V. Bl. Jahrgang IV S. 190).

5. Die Kommission des A. H. hatte beantragt, den zweiten Satz dieses § im Interesse der Kürze und Deutlichkeit desselben dahin zu fassen:

> Im letzteren Falle ist bei Ertheilung der Ansiedelungsgenehmigung für die Beschaffung des Weges eine Frist zu bestimmen, nach deren fruchtlosem Ablauf das

polizeiliche Zwangsverfahren behufs Herstellung des Weges eintritt.

Der Vertreter der Staatsregierung führte dagegen an, daß der fragliche Satz im Entwurf ursprünglich mit den Worten „im letzteren Falle" begonnen, man indeß diese Fassung für nicht vollkommen zutreffend gehalten und im Interesse der Deutlichkeit und Bestimmtheit die jetzige an deren Stelle gesetzt habe. Nur einen Nachweis brauche der Ansiedler zu erbringen, entweder den, daß zu dem Platze der Ansiedelung bereits ein jederzeit offener Weg führe, oder den, daß die Beschaffung eines solchen Weges gesichert sei. Zugleich solle die Verpflichtung des Antragstellers, für die Beschaffung des Weges eventuell zu sorgen, betont werden. Diesem Gedanken gebe die Vorlage einen klareren Ausdruck als der Abänderungsantrag. Letzterer wurde hierauf zurückgezogen.

Für das „polizeiliche Zwangsverfahren", welches demnach gegen den Ansiedler behufs Herstellung des Weges eintritt, sind die §§ 127 ff. und 132 ff. des Gesetzes über die allgemeine Landesverwaltung vom 30. Juli 1883 maßgebend. Vgl. auch Pr. V. Bl., Jahrgang VII S. 74.

6. Die Ertheilung der Ansiedelungsgenehmigung enthält zwar die Erklärung der zuständigen Behörde, daß der beabsichtigten Ansiedelung Hindernisse in dem bestehenden und geltenden öffentlichen Rechte nicht entgegenstehen, greift aber diesem ihrem Inhalte nach durchaus nicht in konkurrirende Privatrechte Dritter ein. „Würde die Behörde wirklich, was, soweit sich übersehen läßt, bisher noch nicht geschehen ist, dem Beklagten B. die Genehmigung zur Ansiedelung ertheilt haben oder noch ertheilen, so würde damit für diesen noch keineswegs das Recht begründet werden, den angeblichen Privatweg der Kläger zu benutzen. Es würde vielmehr den Letzteren und ihren Miteigenthümern nach wie vor unbenommen bleiben, einer solchen Benutzung mit allen vom Gesetze zur Wahrung von Privatrechten zugelassenen Mitteln entgegenzutreten und den mit dem Eigenthum zusammenhängenden Rechten in ihrem vollen Umfange Anerkennung vor dem ordentlichen Richter zu verschaffen." Erk. des O. V. G. vom 11. Dezember 1891.

7. In den für Hannover, Schleswig-Holstein und Hessen-Nassau erlassenen Gesetzen lautet der erste Satz dieses §:

„Die Ansiedelungsgenehmigung ist zu versagen, wenn nicht nachgewiesen ist, daß der Platz, auf welchem die Ansiedelung gegründet werden soll, durch einen fahrbaren jederzeit offenen Weg (bezw. durch eine Schifffahrtsstraße) zugänglich, oder 2c."

Auf den zweiten Satz folgen sodann die Absätze 2 bis 5 mit nachstehendem Wortlaut:

„Auch zur Erhaltung der ununterbrochenen Zugänglichkeit der Ansiedelung ist die Anwendung des polizeilichen Zwangsverfahrens zulässig.

Von der Bedingung der Zugänglichkeit durch einen fahrbaren Weg kann unter besonderen Umständen abgesehen werden.

Die Ansiedelungsgenehmigung ist ferner zu versagen, wenn und so lange die Gemeinde-, Kirchen- und Schulverhältnisse der Ansiedelung nicht in einer dem öffentlichen Interesse und den örtlichen Verhältnissen entsprechenden Weise geordnet sind.

In den Moordistrikten ist die Genehmigung außerdem zu versagen, so lange die Entwässerung des Terrains, auf welchem die Ansiedelung stattfinden soll, nicht geregelt ist."

Die Motive zum Gesetze vom 4. Juli 1887 bemerken hierzu Folgendes:

„Die Zugänglichkeit einer Ansiedelung auf dem Wasserwege ist namentlich in den Moorgegenden von Bedeutung. Es empfiehlt sich deshalb, den Landwegen die Schifffahrtsstraßen gleichzustellen.

Die Anwendung des polizeilichen Zwangsverfahrens ist nur gegen den Ansiedler selbst, bezw. dessen Rechtsnachfolger, nicht aber gegen Dritte zulässig.

Von der in Absatz 2 vorgesehenen Dispensationsbefugniß, für deren Zulässigkeit sich ebenfalls der Provinziallandtag ausgesprochen hat, soll nur ausnahmsweise Gebrauch gemacht werden,

z. B. wenn die Möglichkeit der Herstellung eines fahrbaren Weges fehlt.

Die Bestimmung im Absatz 3 des § 15, wonach auch bei einzelnen Ansiedelungen — und nicht nur, wie das Gesetz vom 25. August 1876 vorschreibt, bei der Anlage von Kolonieen — die Ordnung der Gemeinde-, Kirchen- und Schulverhältnisse der Ansiedelungsgenehmigung vorhergehen muß, ist kein Novum, sondern entspricht der bestehenden, aber nicht immer gleichmäßig beobachteten Verwaltungspraxis. Es wird an dieser bewährten Vorschrift, durch welche gesunde Ansiedelungen befördert, die dem Gemeinwohl nachtheiligen aber erschwert werden, um so mehr festzuhalten sein, als in Hannover die Grenzen der politischen Gemeinden mit denen der Kirchen- und konfessionell getrennten Schulgemeinden nicht immer übereinstimmen. Selbst die Grenzen der politischen Gemeinden stehen in denjenigen Theilen der Provinz, in welchen die Generaltheilung der Marken noch nicht durchgeführt ist, nicht immer fest. Die Bestimmung im Absatz 3 des § 15 erscheint daher als eine nothwendige Voraussetzung für eine gedeihliche Entwickelung der Ansiedelungen, zumal da, wie die Erfahrung gelehrt hat, wiederholt im Laufe der Zeit aus mehreren einzelnen Niederlassungen allmählich ganze Kolonieen entstanden sind, bei denen die nachträgliche Regelung der öffentlich rechtlichen Verhältnisse den erheblichsten Schwierigkeiten begegnete.

In den Moordistrikten ist die Entwässerung des Terrains, auf welchem die Ansiedelung stattfinden soll, Vorbedingung jeder lebensfähigen Niederlassung; diesem Erforderniß ist im letzten Absatz des §. 15 Rechnung getragen worden." (Vgl. Verhandl. des Landtages 1887, Drucksachen des H. H. Nr. 40 und Entsch. XVII S. 437, XIX S. 407 und XXI S. 390.)

Zu §. 15.

1. „Die Uebelstände, welche das Gesetz vom 3. Januar 1845 bei Beschränkung der von Ortschaften fern gelegenen Ansiedelungen zu treffen beabsichtigt, bestehen hauptsächlich in der Gefahr für die benachbarten Felder und Forsten. Hier liegt in der That das Hauptbedenken gegen die schrankenlose Ansiedelungsfreiheit.

Besonders dienen isolirt gelegene Ansiedelungen in der Nähe von Forsten zur Erleichterung des Forst- und Jagdfrevels, und nicht selten ist die Gelegenheit hierzu für die Errichtung einer Ansiedelung bestimmend. In solchen und ähnlichen Fällen steht dem Recht auf freie Niederlassung der ebenso begründete Anspruch der Eigenthümer und Nutznießer von Forst-, Feld-, Garten- und Wassergrundstücken gegenüber, in der Nutzung dieser Grundstücke geschützt zu werden. Da an isolirten und abgelegenen Oertlichkeiten die dauernde Bewachung durch die Betheiligten unausführbar ist und die polizeilichen Hilfsmittel ebenfalls nicht ausreichen, so muß ein Schutz hinzutreten, den das Gesetz unmittelbar gewährt. In den Bestimmungen über diesen Schutz unterscheidet die Vorlage sich wesentlich von dem Gesetze vom 3. Januar 1845. Das Letztere stellt die Untersagung gefahrdrohender Ansiedelungen in das Ermessen der Verwaltungsbehörde — ein Ermessen, welches nur durch Voraussetzungen allgemeiner und dehnbarer Art beschränkt ist. Der vorliegende Entwurf hingegen geht davon aus, daß der zu gewährende Schutz in erster Linie die Eigenthümer, Nutzungs- und Gebrauchsberechtigten und Pächter der benachbarten Grundstücke, sowie die benachbarten Gemeinde- und Gutsbezirke angeht. Wenn diese Interessenten eine Gefahr von der Ansiedelung nicht besorgen, so soll eine derartige Besorgniß auch von Amtswegen nicht in Betracht kommen. Dies soll vielmehr nur dann geschehen, wenn von den Nächstbetheiligten Einspruch gegen die Ansiedelung erhoben und zugleich der Einspruch durch Thatsachen begründet wird, welche die Annahme einer Gefährdung bestimmter Interessen rechtfertigen. Als solche sind die Nutzungen aus dem Feld- oder Gartenbau, aus der Forstwirthschaft, der Jagd und der Fischerei namhaft gemacht." (Motive a. a. O. S. 496).

2. Der Versagungsgrund des § 15 ist ein fakultativer; darüber, ob von demselben Gebrauch zu machen ist, haben die zuständigen Behörden, welchen eine sachgemäße Abwägung der beheiligten öffentlichen und privaten Interessen, bezw. der Interessen des Antragstellers und der adjazirenden Grundbesitzer obliegt, nach vernünftigem Ermessen zu entscheiden. „Dabei wird der Natur der Sache noch erheblich ins Gewicht fallen, ob etwa

anderweite öffentliche Interessen die Genehmigung der Ansiedelung wünschenswerth erscheinen lassen; unter dieser Voraussetzung erscheint es gerechtfertigt, die Versagung auf Grund des § 15 nach weniger strengen Grundsätzen zu handhaben, als da, wo die Genehmigung lediglich im Privatinteresse nachgesucht wird." Erk. des O. V. G. vom 2. März 1878 (Entsch. III S. 318); vgl. Entsch. VI S. 330, XIX S. 400 und Pr. V. Bl. Jahrgang VIII S. 227 und XII S. 353).

Diese „anderweiten" öffentlichen Interessen können aber nur für die Ertheilung der Ansiedelung, nicht für deren Versagung in Betracht kommen. „Wenn in besonderen Ansiedelungsfällen wichtige öffentliche Interessen in Betracht kommen, so können sie ... allerdings für die Ertheilung der Genehmigung maßgebend und von entscheidender Bedeutung sein ... Diesen Grundsatz hat der Vorderrichter in der Weise anwenden zu können geglaubt, daß er solche Interessen für die Versagung der Genehmigung berücksichtigt hat; damit verstößt derselbe geradezu gegen das Ansiedelungsgesetz vom 25. August 1876." Erk. des O. V. G. vom 28. März 1890 (Entsch. XIX S. 403).

3. „Unter „benachbarten" Grundstücken haben nicht nur die zunächst angrenzenden, sondern alle diejenigen in der Nähe belegenen Grundstücke verstanden werden sollen, deren Nutzungen einer Beeinträchtigung ausgesetzt sind" (Motive a. a. O. S. 498). Vgl. Erk. des O. V. G. vom 1. März 1882 (Entsch. VIII S. 349): „Wenn nun auch zu den benachbarten Grundstücken im Sinne der §§ 15 und 16 a. a. O. keineswegs nur die zunächst angrenzenden gehören."

4. Der § 15 gestattet die Versagung der Ansiedelungsgenehmigung nur, wenn die Einspruchsberechtigten ihren Einspruch durch Thatsachen begründen, welche die Annahme rechtfertigen, daß die Ansiedelung den Schutz der Nutzungen benachbarter Grundstücke aus dem Feld- oder Gartenbau u. s. w. gefährden; auf bloße Vermuthungen können die Einsprüche nicht begründet werden. Vgl. die Erk. des O. V. G. vom 25. Juni 1879 (Entsch. V S. 393), 5. Mai und 6. April 1880 (Entsch. VI S. 330 und 335),

28. Februar 1889 (Pr. V. Bl. Jahrgang X S. 347) und vom 9. September 1889 (Pr. V. Bl. Jahrgang XI S. 21).

Der Kreis der Thatsachen, welche für die Versagung in Betracht kommen können, ist im Gesetz nicht näher bezeichnet. Die Verhandlungen des A. H. ergeben jedoch, daß dieselben sowohl den Eigenschaften des Grundstücks, welches besiedelt werden soll, und dem Bauprojecte als auch den persönlichen Eigenschaften dessen, der bauen will, bezw. für den gebaut werden soll, entnommen werden dürfen. Einerseits wurde nämlich ein in der Kommission des A. H. erwogener Antrag, dem § 15 am Schluß folgende Fassung zu geben:

> „und der Einspruch durch Thatsachen begründet wird, welche die Annahme rechtfertigen, daß die Ansiedelung als solche, abgesehen von der Person des Ansiedlers, den Schutz der Nutzungen rc."

zurückgezogen, nachdem die Vertreter der Staatsregierung demselben mit folgenden Bemerkungen entgegengetreten waren: Ein Fall, in welchem die Ansiedelung als solche, abgesehen von der Person des Ansiedlers, den Nachbarn schädlich werden könne, lasse sich kaum denken. Wenn der Ansiedler bei Nachsuchung der Ansiedelungsgenehmigung bereits wegen Holzdiebstahls, Feldfrevels, wegen Jagd- oder Fischereivergehen oder sonst bestraft sei, so könne das unter Umständen, zumal wenn die Ansiedelung polizeilich schwer oder kaum zu überwachen sei, sehr wohl zu der Annahme berechtigen, daß die Ansiedelung den Schutz der in dem Paragraphen fraglichen Interessen gefährde. Daß die Vergangenheit des Ansiedlers bei Prüfung seines Antrages in jedem Falle ganz außer Betracht bleiben solle, sei nicht die Absicht des Gesetzes. Und andererseits wurden die von den Abgeordneten Dr. Lasker und Hammacher eingebrachten Abänderungsanträge Nr. 195 und 224 der Drucksachen*), welche den Nachweis des Miß-

*) „Auf Einspruch darf die Ansiedelungsgenehmigung versagt werden, wenn gegen denjenigen, der die Ansiedelung nachsucht, durch Thatsachen der Verdacht begründet wird, daß er die Ansiedelung zur Gefährdung des Schutzes der Nutzungen benachbarter Grundstücke aus dem Felde oder Gartenbau, aus der Forstwirthschaft, der Jagd oder der Fischerei mißbrauchen werde"

brauchs der Ansiedelung mit Bezug auf die Person des Ansiedlers in den Vordergrund zu stellen bezweckten, vom A. H. abgelehnt, nachdem der Minister für die landwirthschaftlichen Angelegenheiten sich gegen dieselben erklärt und dabei u. A. Folgendes geäußert hatte:

„Ich meinerseits sehe einen wesentlichen Vorzug dieses Gesetzentwurfs darin, daß er von bestimmten persönlichen Erfordernissen absieht, daß er einfach vorschreibt, die Gesammtheit der einschlagenden Verhältnisse solle ins Auge gefaßt, nach der objectiven und subjectiven Gesammtlage der Sache solle ermessen werden, ob das Vorhaben ein solches ist, welches in seinen Konsequenzen mit den Rechten anderer Personen nicht in Konflikt geräth, und welches deshalb nicht zu dulden sei, weil andere wohlgegründete Rechte dadurch beeinträchtigt werden. Ich meinerseits halte so wenig eine ausdrückliche Vorschrift des völligen Absehens von persönlichen Verhältnissen für gerechtfertigt als den Vorschlag, lediglich das subjective Moment entscheidend sein zu lassen. Vielmehr erscheint es mir richtig, daß man nach der Gesammtheit der einschlagenden Verhältnisse den einzelnen Fall beurtheilt" (Verhandlungen des A. H. a. a. O. S. 1259 und 1351). Vgl. die Erk. des O. V. G. vom 3. April und 5. Mai 1880 (Entsch. VI S. 335 und 330).

Nach der Rechtssprechung des O. V. G. sind u. A. folgende Thatsachen solche, wie sie der Gesetzgeber nach den oben mitgetheilten Motiven zum § 15 als bei der Prüfung von Ansiedelungsanträgen besonders zu beachtende gekennzeichnet hat:

Die geringe Größe und Beschaffenheit des zu besiedelnden Grundstücks, wenn der Ansiedler von der Landwirthschaft lebt; eine große Entfernung der Ansiedelung vom Dorfe, wodurch die polizeiliche Aufsicht erschwert wird; die Umgebung der Ansiede-

---

(Nr. 195 der Drucks.) und „die Ansiedelungsgenehmigung kann versagt werden, wenn der Einspruch auf Thatsachen gestützt wird, welche mit Bezug auf die Lage des Orts und die persönlichen Verhältnisse des Nachsuchenden die Annahme rechtfertigen, daß die Ansiedelung den Schutz der Nutzungen benachbarter Grundstücke aus dem Feld- und Gartenbau, aus der Forstwirthschaft, der Jagd oder Fischerei gefährden werde" (Nr. 224 der Drucks.).

lung durch Wald und Buschwerk, wodurch der freie Ueberblick entzogen wird; die Nähe von Wäldern und Fischteichen rc., welche den Bewohnern der Ansiedelung eine dauernde Verlockung dazu bieten, sich auf unerlaubte Weise einen Gewinn zu verschaffen, der mühe- und gefahrlos zu erreichen und leicht zu verheimlichen wäre (Entsch. VI S. 330 und 335); die Absicht des Ansiedlers das zu errichtende Wohnhaus von vornherein zu vermiethen (Pr. V. Bl. Jahrgang I S. 237); der Umstand, daß ein Hausgenosse des Ansiedlers wegen Diebstahl bestraft ist (Pr. V. Bl. Jahrgang IV S. 191); der Umstand, daß der Antragsteller ein über siebenzig Jahre alter Mann ohne Familie war, der in einer Reihe von Ortschaften kleine Grundstücke angekauft hatte, welche er an kleine Leute verpachtet (Pr. V. Bl. Jahrgang X S. 101).

Dagegen kann das Gewicht einer Thatsache, welche die Versagung der Ansiedelungsgenehmigung nach §. 15 rechtfertigt, z. B. nicht beigemessen werden:

a. der bloßen Vermuthung, daß vielleicht einzelne Forst- oder Jagdkontraventionen von dem Ansiedler oder dessen Angehörigen würden begangen werden (Entsch. V S. 397);

b. der bloßen Besorgniß, daß das Vieh des Ansiedlers auf die benachbarten Aecker übertreten werde, da man sich hiergegen nicht nur durch Absperrung der Grundstücke durch Hecken und Zäune, sondern auch durch die Handhabung der durch die Feldpolizeiordnung gegebenen Mittel schützen kann (Entsch. VI. S. 334);

c. dem auf die Erfahrung gestützten Urtheil eines Zeugen, wonach überall da, wo innerhalb ländlicher Fluren Aecker in der Nähe von sogenannten kleinen Leuten zur Wohnung dienenden Ausbauten liegen, die Kinder dieser Leute und das von ihnen gehaltene Vieh den Aeckern Schaden zufügen; denn durch die gegentheilige Annahme würden die Ansiedelungen außerhalb der geschlossenen Ortschaften im Widerspruch mit dem Gedanken des Gesetzes im Wesentlichen überhaupt unmöglich gemacht werden (Entsch. XIX S. 393);

d. bloßen gerüchtsweisen Bezichtigungen (Pr. V. Bl. Jahrgang X S. 101).

Unzulässig ist es, die Klage darauf zu stützen, daß durch die

Ansiedelung die Armenlast der Gemeinde in bedenklichem Maße erhöht werden würde (Entsch. VI S. 330).

5. Die Bestimmung des §. 15 schließt eine Ausnahme von der in der preußischen Gesetzgebung über die Verwaltungsgerichtsbarkeit befolgten Regel in sich, daß die Wahrung des öffentlichen Interesses lediglich Sache der Organe der Polizeibehörde ist und daß demgemäß eine Popularklage im Streitverfahren dem mehr oder minder unbestimmten Kreise derjenigen, deren Interessen durch die geordnete Handhabung der Polizeigewalt geschützt werden, nicht zusteht. Erk. des O. V G. vom 5. Januar 1881 (Entsch. VII S. 332). Diese Ausnahme zu Gunsten Privater — der Nachbarn — ist aber durch das Gesetz dahin beschränkt worden, daß die Genehmigung zu einer Ansiedelung oder zur Gründung einer Kolonie nicht ertheilt werden soll, ohne daß die Nachbarn die Möglichkeit haben, selbst das Interesse der Land- und Forstwirthschaft auf ihren benachbarten Grundstücken zu vertheidigen. Das Einspruchs- und Klagerecht Privater kann sich deshalb überhaupt nur auf den §. 15 stützen, nicht aber auf den §. 14, da die im Letzteren zur Bedingung gemachte Zugänglichkeit Gegenstand ausschließlich der öffentlichen Fürsorge ist. Dagegen wird unter Umständen der Mangel eines jederzeits offenen Zugangs auch von den Nachbarn als eine Thatsache geltend gemacht werden können, welche dazu angethan ist, die im §. 15 vorgesehenen Befürchtungen zu unterstützen (Pr. V. Bl. Jahrgang V S. 222).

6. Im §. 15 ist das Recht, gegen die Begründung einer neuen Ansiedelung Einspruch zu erheben, nicht der Gemeinde, welcher das zu besiedelnde Grundstück angehört, sondern dem Vorsteher dieser Gemeinde eingeräumt. Durch die Erhebung des Einspruchs übt der Gemeindevorsteher nicht ein der Gemeinde, sondern ein ihm in seiner Eigenschaft als Gemeindevorsteher zugesprochenes Recht aus. Dasselbe gilt von der Klage (§. 17 a. a. O.) gegen den den Einspruch zurückweisenden Bescheid der Ortspolizeibehörde. Für die Ausübung des ihm, nicht aber der Gemeinde zustehenden Rechtes ist der Gemeindevorsteher an die Zustimmung der Gemeinde nicht gebunden". Erk. des O. V. G. vom 9. April 1888 (Pr. V. Bl. Jahrgang X S. 101).

Im Verwaltungsstreitverfahren steht dem Gemeindevorsteher in diesem Falle nach §. 107 Nr. 1 des Landesverwaltungsgesetzes Befreiung von der Zahlung des Pauschquantums zu; vgl. Entsch. VI. S. 331.

Zu §. 16.

1. „Wenn Einsprüche der [nämlich im §. 15] bezeichneten Art erhoben werden, so ergiebt sich ein Streit zwischen konkurrirenden Rechten, dem Rechte auf Niederlassung einerseits und dem Rechte auf die ungefährdete Grundstücksnutzung andererseits. Dieser Streit ist im Verwaltungsstreitverfahren vor den Verwaltungsgerichten zum Austrage zu bringen. Da es indessen unbedenklich und der Vereinfachung wegen zweckmäßig ist, die Genehmigung unstreitiger Ansiedelungen den Ortspolizeibehörden, also in Landkreisen den Amtsvorstehern zu überweisen, so empfiehlt es sich, die Vorprüfung und erste Entscheidung in allen Ansiedelungssachen durch die Ortspolizeibehörden eintreten zu lassen und erst gegen die Bescheide derselben, wie gegen die polizeilichen Verfügungen, den Betheiligten ein Klagerecht im Verwaltungsstreitverfahren einzuräumen". (Motive a. a. O. S. 496.)

2. „Die betheiligten Gemeinde-(Guts-)Vorsteher". Vgl. hierzu den §. 15 der Ausführungsinstruktion.

3. „Innerhalb einer Präklusivfrist von 21 Tagen". Diese Frist ist durch die Vorschrift des § 51 des Gesetzes über die allgemeine Landesverwaltung vom 30. Juli 1883 nicht abgeändert worden; vgl. Anm. 3 zu §. 4 S. 47.

Zu §. 17.

1. „Bescheid der Ortspolizeibehörde". Derselbe braucht die im §. 16 der Ausführungsinstruktion vorgeschriebene Belehrung nicht zu enthalten, da der §. 29 des Gesetzes vom 26. Juli 1876, betreffend die Zuständigkeit der Verwaltungsbehörden ꝛc. (Ges.-S. S. 297) durch die spätere Gesetzgebung außer Kraft gesetzt worden ist.

2. „Präklusivfrist von 10 Tagen". Dieselbe beträgt jetzt

nach §. 51 des Gesetzes über die allgemeine Landesverwaltung vom 30. Juli 1883 zwei Wochen. Vgl. Anm. 3 zu §. 9 S. 56.

3. „Das Bezirksverwaltungsgericht". Jetzt der Bezirksausschuß; vgl. Anm. 4 zu § 9 S. 58.

4. „Der §. 52 des Feld- und Forstpolizeigesetzes vom 1. April 1880 (Ges. S. S. 230) verordnet:

„Die Bestimmungen des Gesetzes vom 25. August 1876, betreffend die Vertheilung der öffentlichen Lasten bei Grundstückstheilungen und die Gründung neuer Ansiedelungen u.s.w. (Gesetz-Samml. S. 405), werden durch das gegenwärtige Gesetz nicht berührt.

Ist zu der Errichtung der Feuerstelle (§. 47) eine Ansiedelungsgenehmigung erforderlich, so ist in dem Geltungsbereiche des vorstehend genannten Gesetzes das Verfahren nach den §§. 48 bis 50 des gegenwärtigen Gesetzes mit dem Verfahren nach den §§. 13 bis 17 des Gesetzes vom 28. August 1876 zu verbinden."

Aus der letzteren Vorschrift folgt nicht, daß Klagen gegen Beschlüsse der zuständigen Behörde, durch welche auf Grund der §§ 47 und 49 des Gesetzes vom 1. April 1880 erhobene Einsprüche zurückgewiesen worden sind, auf Verhältnisse gegründet werden könnten, die Gegenstand eines auf Grund des §. 16 des Gesetzes vom 26. August 1876, nicht aber eines auf Grund der §§. 47 und 49 des Gesetzes vom 1. April 1880 erhobenen Einspruchs sein können. Erk. des O. V. G. vom 28. Mai 1888 (Pr. V. Bl. Jahrgang IX S. 373).

5. Aus der Rechtsprechung des O. V. G. sei hier Folgendes bemerkt:

a. Ein Antrag auf Ertheilung der Ansiedelungsgenehmigung ist die nothwendige Voraussetzung des durch das Gesetz eingeführten Verfahrens. „Das Ansiedelungsgesetz vom 25. August 1876 kennt kein Verfahren über Ertheilung der Ansiedelungsgenehmigung, wenn diese gar nicht verlangt wird. Der Antrag auf Ertheilung dieser Genehmigung ist die nothwendige Voraussetzung. Dies folgt aus der Natur der Sache, da es sich um die Ertheilung einer Genehmigung handelt, die Niemanden aufgenöthigt werden kann. Auch die Fassung des §. 16 des Gesetzes läßt dies erkennen, in welchem auf den „Antrag" des Ansiedlers als die Grundlage des Verfahrens hingewiesen wird, noch deutlicher diejenige des nur redaktionell geänderten §. 18 des Regierungsentwurfs, welcher lautet:

„Gegen den auf Ansiedelungsanträge erlassenen Bescheid steht dem Antragsteller und Denjenigen, welche Einspruch erhoben haben, innerhalb einer Präklusivfrist von 10 Tagen die Klage im Verwaltungsstreitverfahren offen".

Erk. des O. V. G. vom 5. Januar 1881 (Entsch. VII S. 332); vgl. Pr. V. Bl. Jahrgang VII S. 296.

Der Antrag braucht jedoch nicht ausdrücklich auf Ertheilung der Ansiedelungsgenehmigung gerichtet zu sein; es genügt, daß die Absicht des Antragstellers aus dem materiellen Inhalte seiner Eingabe und seinen weiteren Erklärungen unter den gegebenen Umständen deutlich erhellt (Entsch. XVII S. 439).

b. „Das Verfahren, welches bei der beabsichtigten Gründung neuer Ansiedelungen in Gemäßheit des Gesetzes vom 25. August 1876 eintritt, bezieht sich, wie aus den §§. 14 und 15 in Verbindung mit §. 17 klar hervorgeht und auch durch die Motive des Gesetzes bestätigt wird, nur auf die Frage, ob auf Grund des §. 14 oder auf Grund der nach §. 15 gerechtfertigten Einsprüche die Versagung der Genehmigung einzutreten hat. Die Frage dagegen, ob etwa auf Grund anderer feuer- oder baupolizeilicher Vorschriften die Errichtung von Gebäuden gehindert werden kann, ist in diesem Verfahren, welches hauptsächlich zur Wahrung der landwirthschaftlichen Interessen eingeführt ist, nicht zu untersuchen". Erk. des O. V. G. vom 25. Juni 1879 (Entsch. V S. 392).

c. Ueber das Parteiverhältniß vgl. das Erk. des O. V. G vom 14. September 1878 (Entsch. IV S. 379): „Die beiden Vorderrichter haben diejenigen Nachbarn des Klägers, welche gegen die Genehmigung der neuen Ansiedelung Einspruch erhoben hatten, zum Verfahren nur beigeladen. Dieselben sind jedoch, ebenso wie der Amtsvorsteher, Parteien im Streitverfahren. Der §. 17 Abs. 2 des Gesetzes vom 25. August 1876, betr. die Gründung neuer Ansiedelungen ꝛc., gewährt Denjenigen, welche gegen den Bescheid der Ortspolizeibehörde Einspruch erhoben haben, ein Klagerecht ebenso wie dem Antragsteller. Der Letztere ist daher ihr Gegner im Streitverfahren, möge er als Kläger oder als Beklagter auftreten; denn, daß im Falle der Anstellung der Klage durch den Einspruch Erhebenden der Antragsteller und die Ortspolizeibehörde Beklagte sein müssen, folgt aus der Natur der Sache, da Beide gemeinschaftlich, der Eine vermöge seines Antrags, die Andern durch Genehmigung desselben, Grund zur Klage gegeben haben; im Falle der Klage des Antragstellers aber sind die erhobenen Einsprüche und deren Anerkennung durch die Ortspolizeibehörde Gegenstand der Klage, deren Urheber also die Beklagten." Vgl. Entsch. X S. 328 und Pr. V. Bl. Jahrgang X S. 347.

d. Der Richter im Verwaltungsstreitverfahren kann die materielle Entscheidung über einen die Ansiedelung genehmigenden polizeilichen Bescheid zwischen dazu legitimirten Parteien nicht um deswillen versagen, weil das dem Streitverfahren vorangegangene Verfahren an Mängeln leidet, insbesondere die Bekanntmachung des Antrages auf Ansiedelungsgenehmigung an die betheiligten Gemeinde- und Gutsvorsteher nicht ordnungsmäßig erfolgt ist. Wenn es auch wünschenswerth ist, daß der Rechtsstreit zwischen allen betheiligten Personen zum Austrag gelangt, so können sich die Parteien doch nicht darüber beschweren, daß nicht noch andere Widersprechende gehört worden seien; es wäre dies ein aus der Rechtssphäre eines Dritten entnommener Einwand (exceptio de jure tertii). Erk. des O. V. G. vom 1. März 1883 und vom 15. September 1888 (Entsch. VIII S. 349 und XVIII S. 236).

e. Das Einspruchsrecht und Klagerecht Privater stützt sich überhaupt nur auf den §. 15. Fehlt dem Kläger nach §. 15 die Legitimation zur Klage, so vermag der §. 17 dieselbe nicht schon um deshalb zu begründen, weil er dem abgewiesenen Einsprechenden das Klagerecht ohne die aus §. 15 von selbst folgende ausdrückliche Einschränkung zuspricht .(Pr. V. Bl. Jahrgang V S. 222.) Vorliegenden Falls hatte die Klägerin behauptet, daß, wenn einmal durch den Einspruch und den denselben zurückweisenden Bescheid das Recht zur Klage entstanden sei, der Kläger auch als legitimirt angesehen werden müsse, Alles vorzubringen, was dazu diene, die Unrichtigkeit der Thatsachen nachzuweisen, welche für den mit dem Bescheide ertheilten Ansiedelungsconsens als vorhanden vorausgesetzt seien, also auch das Bestehen eines jederzeit offenen Zugangs.

f. Ist die Klage gegen den die Ansiedelungsgenehmigung versagenden Bescheid unzutreffend nur gegen die Ortspolizeibehörde, nicht auch gegen den Einsprechenden gerichtet und zugelassen worden, so hat das O. V. G. die Vervollständigung derselben in der gedachten Beziehung auch nach Ablauf der Klagefrist noch für zulässig erachtet und vielfach noch in der Revisionsinstanz unter Aufhebung der Vorentscheidung die Sache in die Vorinstanz zur Ergänzung des Verfahrens durch Zuziehung der Einsprechenden als Mitbeklagte zurückgewiesen. Erk. des O. V. G. vom 28. Februar 1889 (Pr. V. Bl. Jahrgang X S. 347).

g. Es ist an sich zulässig, ein endgültig abgelehntes Ansiedelungsgesuch zu wiederholen; der Einwand der rechtskräftig entschiedenen Sache kann dem die Ansiedelungsgenehmigung Nachsuchenden in diesem Falle nicht entgegengestellt werden. „Das Recht des Klägers auf einem bestimmten Grundstücke eine Ansiedelung zu gründen, ist nicht als solches und überhaupt in dem Vorprozesse abgeurtheilt worden, der Art, daß demselben damit ein für alle Mal die Befugniß entzogen wäre, sich dort niederzulassen; eine derartige Folge knüpft das Gesetz nirgends an die definitive Abweisung der Klage; sondern seinem Anspruche auf Ausübung des Rechts ist nur zu der Zeit als und in der Art wie er es geltend machte, die Genehmigung versagt worden.“ Erk. des O. V. G. vom 21. September 1881 (Entsch. VIII S. 352).

Das Ansiedelungsgesuch kann selbstverständlich auch dann wiederholt werden, wenn die Genehmigung durch Bescheid versagt worden war und der Antragsteller von dem ihm nach §. 17 zustehenden Klagerecht keinen Gebrauch gemacht hatte.

h. Eine amtliche Auskunft des Amtsvorstehers kann als eine die Angaben einer vorgelegten Zeichnung berichtigende amtliche Feststellung auch dann angesehen werden, wenn der die Auskunft ertheilende Beamte zugleich Partei ist; es ist jedoch in einem solchen Falle angezeigt, die amtliche Auskunft des Landraths zu erfordern. Erk. des O. V. G. vom 17. Februar 1883 (Pr. V. Bl. Jahrgang IV S. 190).

6. Bei der zweiten Berathung des Entwurfs im A. H. wies der Abgeordnete Kallenbach darauf hin, daß es für den Ansiedler in den meisten Fällen eine Lebensfrage sei, thunlichst rasch mit dem Bau beginnen zu können. Werde ihm diese Möglichkeit entzogen, so verfielen häufig seine ganzen Verhältnisse und er sei genöthigt, die Ansiedelung aufzugeben. Wenn nun die Ortspolizeibehörde die Ansiedelungsgenehmigung versage, so müßte der Ansiedler nach der Gesetzesvorlage erst die Verwaltungsgerichte angehen und ruhig warten, bis dieselben in letzter Instanz über seinen Streit erkannt hätten. Da bis zur endgültigen Entscheidung viel Zeit vergehen könne, so werde dieser Zustand außerordentliche Härten und vielfach den Wirthschaftsruin des Ansiedlers herbeiführen; hier müsse und könne dadurch Remedur geschaffen werden, daß im Falle der Versagung der Ansiedelungsgenehmigung Seitens der Ortspolizeibehörde dem Kreisausschuß das Recht gegeben werde, provisorisch dem Ansiedler auf seine Gefahr das Bauen zu gestatten (Verhandlungen a. a. O. S. 1261).

Diese Ausführungen erscheinen nicht unberechtigt, da sich das durch das Gesetz eingeführte Verfahren in der That sehr in die Länge ziehen kann (vgl. z. B. die im Pr. V. Bl. Jahrgang IV S. 196 und Jahrgang VII S. 82 mitgetheilten Fälle); die Zweckmäßigkeit der in Vorschlag gebrachten provisorischen Beschlußfassung durch den Kreisausschuß dürfte aber doch zweifelhaft sein.

Zu §. 18.

1. „Nach §. 25 des Gesetzes vom 1. Januar 1845 müssen bei jeder Gründung einer neuen Ansiedelung nach Anhörung der Betheiligten alle diejenigen Verhältnisse festgestellt werden, welche aus der Ansiedelung in Beziehung auf die Gerichts- und Polizeiobrigkeit, den Gemeinde-, Kirchen- und Schulverband oder andere dergleichen Verbände entspringen.

Soweit diese Vorschrift sich auf die Regulirung der öffentlichen Lasten bei Grundstückstheilungen bezieht, braucht sie hinsichtlich der Ansiedelungen nicht wiederholt zu werden. Eine besondere Feststellung der übrigen öffentlich rechtlichen Beziehungen aber erscheint bei einzelnen Ansiedelungen nicht erforderlich, weil dieselben an den öffentlichen Pflichten und Rechten nach Maßgabe der Gesetze theilnehmen. Wenn specielle Festsetzungen zu treffen sind, so kann dies unabhängig von der Ansiedelungsgenehmigung in dem geordneten Wege geschehen.

Anders verhält es sich, wenn eine größere Zahl von Ansiedelungen in räumlichem Zusammenhange errichtet werden soll (Kolonien). In diesem Falle können die Verhältnisse des Kirchen-, Schul- und besonders des Gemeindeverbandes, innerhalb dessen die Kolonie angelegt werden soll, in einer Weise berührt werden, daß eine vorgängige Regulirung im öffentlichen Interesse liegt. Das Unterlassen derselben hat hinterher häufig zu erheblichen Uebelständen geführt. Mit Rücksicht hierauf und im Anschluß an die §§. 31, 32 des Gesetzes vom 3. Januar 1845 sind die Bestimmungen der §§. 19, 20 [jetzt §§. 18, 19] in den Entwurf aufgenommen" (Motive a. a. O. S. 499).

2. Weder das Gesetz noch die Motive definiren den Begriff Kolonie; Letztere weisen nur auf die Kolonien als auf „eine größere Zahl von Ansiedelungen in räumlichem Zusammenhange" hin (vgl. Anm. 1). Dieser Bezeichnung der Motive wird jedoch keine besondere Bedeutung beizumessen sein, da sie offenbar von den gewöhnlichen Formen der Koloniesirung ausgeht, während bei der Berathung des Gesetzes die Unmöglichkeit anerkannt worden ist, eine erschöpfende Definition des in Rede stehenden Begriffes zu geben (vgl. z. B. Verhandlungen des A. H. Bd. I S. 453 ff., Aktenstücke des A. H. Nr. 143 S. 998, Verhandlungen des A. H. Bd. II S. 1358 und Aktenstücke des H. H. Nr. 76). Dagegen werden für die Bestimmung des Begriffs Kolonie im Sinne des Gesetzes diejenigen Gründe herangezogen werden dürfen, welche den Gesetzgeber bewogen haben, eine Unterscheidung zwischen Kolonien und Einzelansiedelungen zu treffen. Die legislatorischen Verhandlungen ergeben nun aber in dieser Beziehung im Wesentlichen Folgendes:

a) Die Motive (vgl. Anm. 1) besagen: „In diesem Falle können die Verhältnisse des Kirchen-, Schul- und besonders des Gemeindeverbandes, innerhalb dessen die Kolonie angelegt werden soll, in einer Weise berührt werden, daß eine vorgängige Regulirung im öffentlichen Interesse liegt."

b) Bei der ersten Lesung des Gesetzes im A. H. erklärte der Minister für die landwirthschaftlichen Angelegenheiten: „Das eine möchte ich doch hervorheben, daß die ratio legis für die Kolonie eine wesentlich andere ist als für die einzelne Ansiedelung. Bei der Ansiedelung handelt es sich nach meinem Dafürhalten darum, ein Grundrecht des Einzelnen zu schützen und namentlich ein Grundrecht desjenigen weniger vermögenden Staatsbürgers, welcher auf diesem Wege zu einem eigenen Heerd und einer eigenen Heimstätte gelangen will. Bei Anlegung von Kolonien handelt es sich dagegen mehr um Unternehmungen von gewissermaßen spekulativwirthschaftlicher Bedeutung. Es handelt sich um die Anlage von Etablissements, welche, wenn sie wirklich Kolonien sind und nicht nur einige wenige zerstreute Ansiedelungen betreffen, einen Einfluß auf die Stammgemeinden ausüben können, welcher so stark ist, daß es zum Schutze dieser Gemeinden unerläßlich ist, gewisse Kommunalverhältnisse, namentlich die Schul- und Kirchenverhältnisse, vorher zu regeln, Verhältnisse, deren Ordnung auch für die einzelnen Ansiedler, die der Kolonie angehören, von hervorragender Bedeutung ist." (Verh. a. a. O. S. 455.)

c) Nach Ausweis des Kommissionsberichtes (Nr. 143 der Drucksachen S. 998) wurde von Seiten der Vertreter der Königlichen Staatsregierung die Annahme der §§. 19 und 20 (jetzt §§. 18 und 19) empfohlen und dabei insbesondere auf Vorkommnisse in den Bergbaudistricten von Schlesien hingewiesen, nach welchen die Gewerkschaften nicht selten große Häusermengen auf einer Feldmark neu errichtet und bevölkert und dadurch die Ordnung der Gemeinde-, Kirchen- und Schulverhältnisse außerordentlich schwierig gemacht hätten. Zuweilen seien nicht einmal die Feldmarksgrenzen beachtet, sodaß eine Kolonie auf zwei Feldmarken zu liegen gekommen sei. Es sei eine billige Forderung, daß derjenige, welcher eine Kolonie zu gründen beabsichtige, die gedachten Verhältnisse mit den betheiligten Ortschaften und Behörden zuvor regele.

d) Bei der zweiten Lesung äußerte der Minister für die landwirthschaftlichen Angelegenheiten wiederum: „Wenn ich dies voraussetze [nämlich, daß die einzelne Ansiedelung die Verwirklichung eines individuellen Rechts enthält, während die Anlage von Kolonien als spekulatives, gewerbliches Unternehmen erfolgt], so komme ich zu der Konsequenz, daß, wo ein solches gewerbliches Unternehmen vorliegt, nothwendig zu untersuchen sei, ob nicht zum Nutzen des Einen die Abgabenverhältnisse von Anderen in beschädigender Weise deteriorirt werden; zu untersuchen, ob nicht zu Gunsten des Einen die gesammten Kommunalabgabenverhältnisse einer Ortschaft wesentlich verändert werden. Wenn hierbei weiter zu erwägen ist, wie gerade in unsern Landgemeinden die Abgabenverhältnisse besonders für Schule und Kirche ungeordnet sind, wie oft ganz willkürliche Maßstäbe gelten, wie häufig eine große Anzahl von Bewohnern einer Ortschaft so gut wie gar nicht besteuert ist, während die Schul- und Kirchenbaulast auf einzelnen Mitgliedern der Gemeinde ruht, so fällt dies schwer ins Gewicht." (Verh. a. a. O. S. 1263.)

e) Bei der dritten Lesung ließ sich ferner der Abgeordnete Dr. Hammacher u. A. dahin aus: „Es ist mir, wie Ihnen Allen bekannt, daß die Herstellung von Kolonien allerdings einen höchst nachtheiligen Einfluß auf die Vermögensverhältnisse der Civil-, Kirchen- und Schulgemeinden üben kann; es ist mir deshalb auch durchaus klar, daß eine Gesetzgebung, die sich mit der Frage der Herstellung von Kolonien und deren Zulassung befaßt, auch in Erwägung nimmt, ob und wie die Steuer- und Abgabenverhältnisse, soweit sie die Gemeinden betreffen, gleichzeitig zu erledigen sind. . . ."

f) Endlich erklärte der Minister für die landwirthschaftlichen Angelegenheiten bei derselben Lesung, daß das Gesetz keineswegs die Anlage von Kolonien verhindern wolle; um was es sich handle, sei lediglich, daß dem Unternehmer von Kolonien die Verpflichtung auferlegt werde, von vornherein dafür zu sorgen, daß die Kolonien gehörig und ordnungsmäßig in die Gemeindeverbände eingefügt, oder daß selbstständige Gemeinden aus ihnen gebildet würden.

Aus alle dem muß gefolgert werden, daß der Gesetzgeber die Anlegung von Kolonien deshalb besonderen Vorschriften unterworfen hat, weil und insofern dieselben die Neuordnung oder Ergänzung der Gemeinde-, Schul- und Kirchenverhältnisse erforderlich machen. Eine Kolonie im Sinne des Gesetzes wird daher überall da vorliegen, wo die Errichtung mehrerer Wohnhäuser oder auch nur eines Wohnhauses außerhalb einer im Zusammenhange gebauten Ortschaft vermöge der zu erwartenden großen Zahl ihrer bezw. seiner Bewohner die Neuordnung der Gemeinde-, Kirchen- und Schulverhältnisse nöthig macht. „Berücksichtigt man nun, daß der Begriff der Kolonie und die daran sich knüpfende Bestimmung über die Zuständigkeit der Verwaltungsbehörden lediglich unter dem einen Gesichtspunkt in das Gesetz aufgenommen worden sind, daß dabei die Gemeinde-, Kirchen- und Schulverhältnisse besonders geordnet werden sollen, so erhellt daraus soviel, daß der Plan zur Errichtung mehrerer Ansiedelungen dann — und zwar unabhängig vom Antrage des Unternehmers, der nicht das allein Entscheidende sein kann — als Anlegung einer Kolonie geschäftsmäßig zu behandeln sein wird, sobald nach der Anzahl und der örtlichen Lage der beabsichtigten Bauten das Bedürfniß ersichtlich wird, dabei die Regelung jener korporativen Verhältnisse in Betracht zu ziehen.“ Erk. des O. V. G. vom 2. März 1878 (Entsch. III S. 318). „Dagegen weisen eben jene legislatorischen Verhandlungen selbst auf den sichersten Anhalt für die Unterscheidung zwischen Einzelansiedelung und Kolonie hin, nämlich die Absicht, welche der Gesetzgeber mit dieser Unterscheidung, wie sie in das Gesetz eingeführt ist, verfolgt. Diese geht lediglich dahin, daß bei umfangreichen, planmäßig und im Zusammenhange erfolgenden Ansiedelungen geprüft werden soll, ob dieselben sich bezüglich der Gemeinde-, Schul- und Kirchenverhältnisse ohne Schwierigkeiten in die bestehende Ordnung einfügen oder ob letztere zum Zwecke der Versorgung der Kolonisten ergänzt, bezw. neu geschaffen werden muß, während bei vereinzelt entstehenden Ansiedelungen davon ausgegangen wird, daß dieselben sich regelmäßig ohne weiteres jener Ordnung ohne Schädigung des öffentlichen Interesses anpassen werden." Erk. des O. V. G. vom 27. Juni 1885 (Entsch. XII S. 371). Vgl. Entsch. XIX S. 393 und XI S. 359.

3. Die Kommission des A. H. hatte die §§. 19 und 20 der Regierungsvorlage (§§. 18 und 19 des Gesetzes) gestrichen. Inhalts des Kommissionsberichtes waren hierfür im Wesentlichen folgende Erwägungen maßgebend gewesen:

Die Bestimmung des §. 19 sei nicht neu, sondern geltenden Rechts (§. 31 des Gesetzes vom 3. Januar 1845). Es sei aber auch Thatsache, daß sie unbeachtet geblieben sei und daß die Behörden ihre Beobachtung nicht zu erzwingen vermocht hätten. Denn nichts sei leichter als dieselbe zu umgehen. Der Unternehmer brauche nur das Terrain, auf welchem die Kolonie entstehen solle, in einzelnen Parzellen an die Kolonisten zu veräußern; jeder Parzellenerwerber suche sodann die Ansiedelung zu verschiedenen Zeiten für sich nach und keinem könne sie vorenthalten werden. Jeder besiedele sein Grundstück für sich und so erhebe sich rasch eine große Ortschaft. Der Behörde bleibe dann nur übrig, nach Entstehung der Kolonie die fraglichen Kirchen-, Schul- und Gemeindeverhältnisse zu regeln. Eine gesetzliche Bestimmung, deren Beobachtung nicht zu erreichen sei und die so leicht umgangen werden könne, sei besser zu unterlassen. Insbesondere erschwere die fragliche Bestimmung auch die Gründung von Arbeiterkolonien. So sei z. B. eine Gewerkschaft, welche eine Kolonie habe errichten wollen, um den Arbeitern gute und gesunde Wohnungen einräumen zu können, auf große Schwierigkeiten gestoßen und habe sich zuletzt dazu bequemen müssen, eine namhafte Summe für einen Schulbau im Dorfe herzugeben, obschon die Ansiedelung nur im Verein mit anderen lokalen Umständen die Anlegung einer neuen Schule oder die Erweiterung der vorhandenen erforderlich gemacht habe. Die Forderung der Gemeinde sei in ihrer Höhe eine ganz willkürliche gewesen und beweise, wohin es führe, wenn man die fraglichen Paragraphen annehme.

Aehnliche Gründe wurden gegen die beiden Paragraphen bei der dritten Lesung im Plenum des A. H. vorgebracht. Namentlich wurde seitens des Abgeordneten Dr. Hammacher ausgeführt, daß es bedenklich sei, die Herstellung von Kolonien von einer vorherigen Regulirung der Abgabenverhältnisse abhängig zu machen, so lange als nicht die Grundsätze gesetzlich geregelt seien, nach denen die Civil-, Kirchen- und Schulgemeinden ihre Abgaben erhöben. So lange es an festen Normen fehle, nach denen die Abgabenregulirung und die Erlaubniß zur Anlage von Kolonien erfolgen solle, werde es mehr oder weniger von der Willkür der betreffenden Gemeinden abhängig gemacht, ob und wann eine Kolonie zur Ausführung kommen könne. Es würde aber ein legislatorischer Fehler sein, die Anlegung von Kolonien, welche in vielen Fällen nicht nur eine Nothwendigkeit, sondern geradezu ein großer wirthschaftlicher und humaner Fortschritt sei, auf die Begehrlichkeit und Willkür der Gemeinden zu verweisen.

Das Plenum des A. H. stellte indessen, nachdem der Vertreter der Staatsregierung auf die sich im Wesentlichen aus der Anm. 2 ergebenden Gründe für eine verschiedene Behandlung der Kolonien und Einzelansiedelungen hingewiesen hatte, die §§. 19 und 20 der Regierungsvorlage mit der Maßgabe wieder her, daß dem Abänderungsantrage Nr. 224 zu 3 der Drucksachen entsprechend der Eingang des § 20 (jetzt §. 19), welcher ursprünglich lautete: „Die Genehmigung zur Anlegung einer Kolonie ist zu versagen, wenn u. s. w." die jetzige Fassung des §. 19 erhielt: „Die Genehmigung zur Anlegung einer Kolonie kann versagt werden u. s. w." Vgl. Nr. 143 und 224 der Drucksachen des A. H.; Verh. des A. H. Band I S. 453 ff., Band II S. 1262 ff. und S. 1356 ff. — Es läßt sich übrigens nicht verkennen, daß das Haupthinderniß für die Errichtung von Kolonien in dem Mangel einer gesetzlichen Bestimmung darüber zu finden ist, wie die Gemeinde-, Kirchen- und Schulverhältnisse der Kolonie geordnet sein müssen, damit der Unternehmer mit Sicherheit auf eine Genehmigung der Anlage rechnen kann. Diesem Uebelstande würde vielleicht durch eine allgemein gültige obrigkeitliche Festsetzung dessen, was von den verschiedenen kommunalen Verbänden bei Begründung neuer Kolonien verlangt werden darf, theilweise abgeholfen werden können. Darüber, daß die Entscheidung über die zu stellenden

Anforderungen der Gemeinde-, Schul- und Kirchen-Aufsichtsbehörde ohne Betheiligung der Verwaltungsgerichte und Beschlußbehörden zusteht, vgl. die Anm. 1 zu § 19.

4. Die Entscheidungen des O. V. G. enthalten u. A. folgende den § 18 betreffenden Grundsätze:

a. Die Anlegung der Kolonie muß ein Gegenstand des Unternehmens sein, nicht etwa erst dessen mögliche oder zufällige Folge. „Der Vorderrichter geht in der Meinung, daß ohne dies der Zweck des Gesetzes vereitelt würde, von der Annahme aus, daß es sich auch dann um die Anlegung einer Kolonie handle, wenn ein Unternehmer außerhalb einer im Zusammenhange gebauten Ortschaft successive Wohnhäuser in größerer Anzahl errichte, von denen jedes einzelne zwar als eine Kolonie nicht gelten könne, mit Rücksicht auf die bereits vorhandenen Anbauten desselben Unternehmers jedoch weit über den Rahmen der Einzelansiedelung hinausgreife, weil die Anlage in ihrer Gesammtheit den gewöhnlichen Begriff einer Kolonie als einer für eine erhebliche Menge von Bewohnern bestimmten Wohnstätte oder als „einer größeren Anzahl von Ansiedelungen im räumlichen Zusammenhange", wie die Motive zur Regierungsvorlage das Wort „Kolonie" umschreiben, nach Maßgabe der §§. 18 bis 20 des Gesetzes unzweifelhaft erfülle. Diese Auffassung von dem Rechtsbegriffe der Anlegung einer Kolonie ist rechtsirrthümlich. Abgesehen von dem Falle, wo die beabsichtigte Ansiedelung sich zu vorhandenen Anbauten etwa als Theil eines einheitlich angelegten, aber bruchstücksweise durchgeführten Kolonisationsplanes verhält, kann von der „Anlegung einer Kolonie" überhaupt nur die Rede sein, wenn das neue Unternehmen selbst, ohne Rücksicht auf sich anschließende bereits bestehende Wohngebäude, erst eine Kolonie entstehen läßt, so daß sich für die dadurch geschaffene Gruppe von Wohnstätten die Neuordnung der Gemeinde-, Kirchen- und Schulverhältnisse dem öffentlichen Interesse und den bestehenden gesetzlichen bezw. statutarischen Bestimmungen gemäß nothwendig macht. Die Anlegung der Kolonie muß danach ein Gegenstand des Unternehmens sein, nicht etwa erst dessen mögliche und zufällige Folge. Darum wird auch vom Unternehmer die

Vorlegung eines Plans verlangt mit Vorschlägen über die Art der künftigen Ordnung der Kommunal-, Kirchen- und Schulverhältnisse für die anzulegende Kolonie. Einer solchen Auffassung steht der natürliche Wortsinn zur Seite und lassen darüber, daß die Vorschrift des Gesetzes so und nicht anders verstanden werden sollte, auch die Landtagsverhandlungen zu dem Gesetzentwurfe vom Jahre 1876 nirgends einen Zweifel." Erk. des O.V.G. vom 30. April 1884 (Entsch. XI S. 359). Vgl. Erk. d. O.V.G. vom 6. September 1888 (Preuß. V.Bl. Jahrgang X S. 52).

Dagegen trägt die Annahme, die Anlegung einer Kolonie müsse stets dahin führen, daß aus derselben eine neue politische, Kirchen- oder Schulgemeinde geschaffen werde, eine Beschränkung des Begriffs der Kolonie in das Gesetz hinein, für welches dasselbe keinen Anhalt bietet (Entsch. XI S. 380).

b. Ob es sich um die Anlegung einer Kolonie handelt muß mit Rücksicht auf die Verhältnisse des konkreten Falls beurtheilt werden; dieselbe ist unter Umständen schon in der Errichtung nur eines Wohnhauses zu finden. „Worauf allein und gewiß zutreffend in der diesseitigen Entscheidung vom 27. Juni 1885 hingewiesen wird ist dies, daß nach der Absicht des Gesetzes bei der Beurtheilung der Frage, ob es sich um die Anlegung einer Kolonie handelt, auf die Bedeutung des Unternehmens für die örtlichen Gemeinde-, Kirchen- und Schulverhältnisse Gewicht zu legen sei. Hiermit ist aber so wenig wie in der Zahl der Häuser, so in der der Kolonisten ein abstrakter, für alle Gemeinden oder auch für alle Landgemeinden gleichmäßig anwendbarer Maßstab gegeben. Mögen im Einzelfalle der Umfang des Bauprojectes oder sonstige besondere Umstände dieses ohne Weiteres als Anlegung einer Kolonie charakterisiren, so wird doch in der Regel auch die Größe der Gemeinde, zu welcher die Kolonisten hinzutreten sollen, in Betracht gezogen werden müssen, wenn anders die Bedeutung des Unternehmens für die bestehenden Gemeinde-, Kirchen- und Schulverhältnisse zutreffend gewürdigt werden soll. Nach alledem war nicht anzuerkennen, daß jene Begründung des angefochtenen Urtheils, welche ohne jede Rücksicht auf die Verhältnisse des konkreten Falls in der Zahl von 16 erwachsenen und

24 nicht erwachsenen Ansiedlern das Kriterium der Kolonisation für das platte Land allgemein findet, dem Rechtsbegriffe der Anlegung von Kolonien im Sinne jenes Gesetzes entsprechen . . . Einem Gemeindekörper von dieser Größe gegenüber [2720 Einwohner] kann aber einer Neuansiedelung von etwa 40 Köpfen in zwei Häusern der Regel nach nicht füglich der Charakter einer Kolonie beigemessen werden, ohne mit den hergebrachten Anschauungen des wirthschaftlichen Lebens in Widerspruch zu treten." Erk. des O. V. G. vom 29. November 1889 (Entsch. XIX S. 393). Vgl. Entsch. XI S. 359 und XII S. 378 (in dem hier entschiedenen Falle hat das O. V. G. einer Arbeitermenage, welche in einem einzigen Gebäude Wohnungsräume für die Familie des Menagevorstehers und für einhundert Arbeiter darbietet, die Eigenschaft einer Kolonie beigemessen).

c) Sollen die Wohnhäuser nicht außerhalb einer im Zusammenhange gebauten Ortschaft errichtet werden, so steht weder die Anlegung einer Kolonie noch die Gründung einer neuen Ansiedelung in Frage. Erk. des O. V. G. vom 18. Februar 1890 (Pr. V. Bl. Jahrgang XI S. 359).

d. Es ist fraglich, ob die Worte „außerhalb einer im Zusammenhange gebauten Ortschaft" absolut, oder relativ, nämlich nur in Beziehung auf diejenige Ortschaft zu verstehen sind, zu welcher die Kolonie in einen Gemeindeverband tritt. „Um hier nur die für und wider die vorderrichterliche Anschauung sprechenden Gründe kurz anzudeuten, so läßt sich einerseits gewiß nicht verkennen, daß nach der geschichtlichen Entwicklung des Ansiedelungswesens letzteres unter dem Gesichtspunkte der Zubehörigkeit der Ansiedelungen zu einem Kommunalverbande gestanden hat und weist auch Absatz 2 des § 13 des Gesetzes vom 25. August 1876, da die Ansiedelungsgenehmigung nicht erfordert wird für Wohnhäuser, welche in den Grenzen eines nach dem Baufluchtengesetze vom 2. Juli 1875 festgestellten Bebauungsplanes errichtet werden sollen, auf die Beziehungen zur politischen Gemeinde hin. Andererseits läßt das jetzt geltende Gesetz im Uebrigen die kommunalen Rücksichten überall zurücktreten vor den wirthschaftlichen Interessen, von deren Sicherung, abgesehen von der im allgemeinen öffentlichen Interesse bestimmten Zugänglichkeit (§. 14), allein die Genehmigung oder Versagung der Ansiedelung abhängig gemacht wird. Zu beachten ist ferner, daß, wie auch hier zutrifft, bei der Kolonie verschiedene Gemeindeverbände mit unter sich verschiedenen Grenzen konkurriren können und nicht wohl ein Grund abzusehen ist, weshalb den Grenzen des politischen Gemeindeverbandes eine präjudizielle präponderirende Bedeutung vor den Bezirken der Kirchen- und Schulgemeinden zukommen soll. Endlich dürfte jenes Prinzip in denjenigen Fällen zu bedenklichen Consequenzen führen, wo eine Kolonie einheitlich auf der Grenze verschiedener Kommunalverbände angelegt werden soll, da sich gerade unter solcher Voraussetzung das Bedürfniß geltend machen wird, die Grenze anderweit zu reguliren." Erk. des O. V. G. vom 8. September 1886 (Pr. V. Bl. Jahrgang VIII S. 12).

e. „Nirgends findet sich eine Andeutung dafür, daß beim Erlaß des § 13 daselbst vorausgesetzt sei, die Zahl der Bewohner eines projectirten Wohnhauses müsse so gering sein, daß dadurch unter keinen Umständen eine neue Ordnung der Gemeinde-, Kirchen- oder Schulverhältnisse geboten sein werde. Im Gegentheil konnte es dem Gesetzgeber unmöglich entgehen, daß sehr wohl auch die gewöhnliche Ansiedelung solche Ordnung nöthig machen kann." Erk. des O. V. G. vom 29. November 1889 (Entsch. XIX S. 393).

Zu §. 19.

1. Die Verwaltungsgerichte sind nicht zuständig, darüber zu entscheiden, ob die Genehmigung zur Anlegung einer Kolonie von der vorgängigen Ordnung der Gemeinde-, Kirchen- und Schulverhältnisse abhängig zu machen ist. „Wenn hier [in §. 19] gesagt ist, daß ‚im Uebrigen' die Bestimmungen der §§. 14 bis 17 Anwendung finden, so ergiebt schon die Wortauslegung des Gesetzes, daß, abgesehen von der Ordnung der Gemeindeverhältnisse der Kolonien, außerdem noch bei deren Anlegung die Frage der offenen Zugangswege und der Gefährdung der Nutzungen der benachbarten Grundstücke nach denselben materiellen und formellen Vorschriften wie bei Einzelansiedelungen, nämlich nach §§. 14 bis

17 des Gesetzes zu behandeln ist. Das Gesetz bringt es nicht zum Ausdruck, daß insbesondere die §§. 16 bis 17 hinsichtlich des Verfahrens, der Zuständigkeit und der Rechtsmittel nicht nur für den Gegenstand, für den sie gegeben, bei der Anlegung von Kolonien Platz greifen, sondern auch hierüber hinaus noch für eine andere Materie, die Ordnung der Gemeinde-, Kirchen- und Schulverhältnisse ‚entsprechende' oder ‚sinngemäße' Anwendung finden sollen, sondern lediglich das Erstere; die §§. 14 bis 17 werden, mit einer nach § 18 nothwenigen Maßgabe bezüglich der Zuständigkeit und des Verfahrens, ohne Unterscheidung zwischen materiellen und formellen Vorschriften als ein Ganzes von der vorausgehenden Bestimmung über die Ordnung der Gemeinde- 2c. Verhältnisse mit den Worten: ‚im Uebrigen' geschieden. Ueber das Verfahren und die Zuständigkeit der Behörden zu dieser letzteren Ordnung verbreitet sich das Gesetz nicht, so daß in dieser Beziehung die Normen der allgemeinen Verwaltungsgesetze Platz greifen.

Und selbst wenn sich aus dem Mangel von Bestimmungen über das Verfahren und die Zuständigkeit zur Ordnung der Gemeinde- 2c. Verhältnisse in dem Specialgesetze Bedenken gegen jene Wortauslegung des §. 19 herleiten ließen, so könnten dieselben doch nicht durchgreifen, sobald auf die dem Gesetze zum Grunde liegenden Gesichtspunkte zurückgegangen wird.

Es ist bei der Berathung des Gesetzes in den Häusern des Landtages von dem Vertreter der Staatsregiernng wiederholt ein principieller Unterschied zwischen den gewöhnlichen Ansiedelungen und den Gründungen von Kolonien dahin betont worden, daß es sich bei den Erstern — so zu sagen — um ein Grundrecht des einzelnen Staatsangehörigen handle, das zur Geltung kommen müsse, wo nicht bestimmte konkurrirende Rechte dies verhinderten, während die Gründungen von Kolonien sich meist als spekulative oder industrielle Unternehmungen darstellten, von denen man fordern dürfe, daß sie berechtigten Interessen der Gemeinden, Kirchen und Schulverbände gerecht würden (zu vgl. die stenographischen Berichte des Hauses der Abgeordneten aus der Session von 1876, S. 455 und 1263). Jene erstere Kollision entgegenstehender Rechte bei der Gründung der Ansiedelungen ist der Entscheidung durch die Verwaltungsgerichte überwiesen; die Ordnung der Gemeinde-, Kirchen- und Schulverhältnisse hätte man dem Verwaltungsstreitverfahren nicht überweisen können, ohne damit die Kompetenz der Verwaltungsgerichte im Widerspruch mit allen sonstigen, diese Gegenstände betreffenden allgemeinen Gesetzen zu erweitern und ihnen Aufgaben zuzuweisen, die in dem engen Rahmen des Streitverfahrens überhaupt nicht wohl gelöst werden können. Es ist in diesen Beziehungen nur daran zu erinnern, daß es sich bei der Handhabung des ersten Absatzes des §. 19 a. a. O. nicht etwa nur um die Entscheidung der Frage handelt, ob die Gemeinde- ꝛc. Verhältnisse des für die Kolonie in Aussicht genommenen Territoriums bereits gesetzlich feststehen, oder ob innerhalb der bestehenden Gemeindeverhältnisse für den Fall der Kolonisation besondere Opfer gebracht werden sollen, sondern auch unter Umständen um die Neubildung politischer Kommunen und Schulsocietäten oder Kirchengemeinden aus den Kolonien (zu vgl. §. 32 des Ansiedelungsgesetz vom 3. Jan. **1845**, Ges.-S. S. 25). Endlich mag hervorgehoben werden, daß es mindestens fraglich erscheinen muß, ob der Gesetzgeber bei der Ausdehnung der §§. 16 und 17 a. a. O. auf das in Rede stehende Gebiet ungeachtet der großen Bedeutung desselben für das öffentliche Wohl und der dem entsprechend weiten Kompetenzen der Aufsichtsbehörden die ganze Regelung der Gemeinde- ꝛc. Verhältnisse davon abhängig gemacht haben, daß die örtlichen Organe binnen einer präklusivischen Frist von 21 Tagen nach ortsüblicher Bekanntmachung des Projectes Einspruch erhöben. . . .

Wenn es somit nicht zweifelhaft sein kann, daß das Ansiedelungsgesetz die schließliche Entscheidung der Frage, wie etwa die Gemeinde- ꝛc. Verhältnisse projektirter Kolonien zu regeln seien, nicht in das Verwaltungsstreitverfahren verwiesen hat, so bedarf es keines weiteren Beweises, daß auch die Entscheidung darüber, ob die Ertheilung der Genehmigung zur Anlegung von Kolonien von dieser vorgängigen Regelung abhängig gemacht werden soll, oder ob ein Bedürfniß dazu nicht besteht, nicht den Verwaltungsgerichten als solchen gebührt. Es fehlt in allen diesen Beziehungen die besondere gesetzliche Bestimmung, von welcher schon der §. 3 des Verwaltungsgerichtsgesetzes vom 3. Juli 1875 die sachliche Zuständigkeit der Verwaltungsgerichte abhängig macht." Erk. des O. V. G. vom 27. Juni 1885 (Ensch. XII S. 371).

2. Hat die Polizeibehörde die nachgesuchte Ansiedelungsgenehmigung versagt, weil es sich um Anlegung einer Kolonie handle, so ist gegen diesen Bescheid die Klage im Verwaltungsstreitverfahren zulässig und von den Verwaltungsgerichten darüber zu entscheiden, ob der angefochtene Bescheid zu Recht besteht oder nicht. „Da die Absicht, welche der Gesetzgeber bei der Unterscheidung zwischen Einzelansiedelung und Kolonien verfolgt, dahin geht, daß bei umfangreichen, planmäßig und im Zusammenhang erfolgenden Ansiedelungen geprüft werden soll, ob sich diese bezüglich der Gemeinde-, Schul- und Kirchenverhältnisse ohne Schwierigkeiten in die bestehende Ordnung einfügen werden, oder ob letztere zum Zwecke der Versorgung der Kolonisten ergänzt, bezw. neu geschaffen werden müsse, so sucht der Berufungsrichter durch Erörterung dieser Frage mit Bezug auf den vorliegenden Streitfall für jene Unterscheidung einen Anhalt zu gewinnen. Indem er dies thut, überschreitet er seine Zuständigkeit keineswegs; er übernimmt nicht etwa die Funktionen der Behörde, welche nach §. 19 a. a. O. die Genehmigung zur Anlegung der Kolonie von einer Regelung der Gemeinde rc.-Verhältnisse abhängig machen darf, sondern er untersucht die Frage, ob das Unternehmen des Klägers derart gestaltet ist, daß dasselbe der gedachten Behörde Anlaß zu einer Prüfung nach Maßgabe des §. 19 geben kann, zu keinem anderen Zwecke, als zu der ihm zweifellos gebührenden Entscheidung über die Zuständigkeit des Amtsvorstehers und demgemäß weiter über seine Zuständigkeit im gegenwärtigen Verfahren zur materiellen Erörterung der Sache." Erk. des O. V. G. vom 29. November 1889 (Entsch. XIX S. 393). „Andererseits ist im Verwaltungsstreitverfahren allerdings darüber zu erkennen, ob der mit der Klage angefochtene Bescheid der Ortspolizeibehörde, durch welchen die polizeiliche Genehmigung zur Errichtung der Menage wegen Unzuständigkeit der angegangenen Behörde verweigert ist, zu Recht besteht oder nicht.

Denn wenn auch in dem §. 17 des Ansiedelungsgesetzes nur der Versagung der Genehmigung auf Grund der §§. 14 und 15 daselbst ausdrücklich gedacht ist, so unterliegt es doch keinem Zweifel, daß dadurch nicht die Entscheidung über die Vorfrage jeder materiellen Erörterung eines Antrages auf Ansiedelungsgenehmigung, nämlich die der Zuständigkeit der angegangenen Behörde im Verwaltungsstreitverfahren, ausgeschlossen ist". Erk. d. O. V. G. vom 27. Juni 1885 (Entsch. XI S. 63). Vgl. auch ebendaselbst S. 381 die Anm.

3. Für die Frage, ob es sich im konkreten Falle um die Anlegung einer Kolonie oder um eine Einzelansiedelung handelt, ist die Fassung des Antrages desjenigen, der Wohnhäuser errichten will, nicht maßgebend. (Entsch. III. S. 318).

4. Weder dem Gemeindevorsteher noch den Eigenthümern der benachbarten Grundstücke steht auf Grund des §. 19 der Einwand zu, die Gemeinde-, Kirchen- und Schulverhältnisse seien nicht dem öffentlichen Interesse gemäß geordnet worden. „Anlangend zuvörderst den Einspruch der Gemeinde G., so steht ihr ein solcher aus dem Grunde des §. 19 des Ansiedelungsgesetzes, weil die Gemeinde-, Kirchen- und Schulverhältnisse nicht dem öffentlichen Interesse und den bestehenden gesetzlichen bezw. statutarischen Bestimmungen gemäß gewidmet sind, überhaupt nicht zu". Erk. des O. V. G. vom 30. April 1884 (Entsch. XI S. 359). Vgl. Entsch. III S. 318 und Pr. V. Bl. Jahrgang V S. 261: „Anlangend die Berufung auf den §. 19 des Ansiedelungsgesetzes, so steht der Mitbeklagten entgegen, daß der §. 15 ebenda die Einspruchsbefugniß des Eigenthümers eines benachbarten Grundstücks und des Vorstehers des Gutsbezirkes, zu welchem das zu besiedelnde Grundstück gehört, auf den Schutz der daselbst aufgeführten Nutzungen des Grundstücks beschränkt; die Wahrnehmung öffentlicher Interessen liegt ausschließlich in der Hand der Behörden. Insbesondere hat der Kreisausschuß bei Anträgen auf Anlegung einer Kolonie — §. 18 ebendaselbst — für die Ordnung der Gemeinde-, Kirchen- und Schulverhältnisse Sorge zu tragen — §. 19 ebendaselbst —; der Kreisausschuß hat aber im vorliegenden Falle die Einleitung eines diesen Vorschriften ent-

sprechenden Verfahrens nicht für angezeigt erachtet und auch von Seiten des stellvertretenden Amtsvorstehers sind hierauf gerichtete Anträge nicht gestellt, vielmehr die aus den §§. 13—17 ebendaselbst sich ergebenden Befugnisse der Ortspolizeibehörde ausgeübt worden. Die Mitbeklagte ist ihrerseits nicht berechtigt, in den Geschäftskreis der Behörden einzugreifen und eine nur eben diesen zukommende Thätigkeit zu üben; ihren An- und Ausführungen darf deshalb, soweit sie sich in ersterem bewegen, Berücksichtigung nicht zu Theil werden."

5. „Das Interesse der adjazierenden Grundbesitzer aber, welches das Gesetz unter den Rechtsschutz des Streitverfahrens stellt, ist hierbei nicht etwa derartig mit der Regelung der Gemeinde-, Kirchen- und Schulverhältnisse einer Kolonie in Verbindung gesetzt worden, daß die Adjazenten eine dem Schutze der Nutzungen ihrer Grundstücke möglichst entsprechende Ordnung der Gemeinde- 2c. Verhältnisse der Ansiedelungen im Streitverfahren verfolgen könnten. Im letzteren ist vielmehr die Frage, ob und inwieweit jener Schutz gefährdet ist, lediglich nach Maßgabe der korporativen Verhältnisse, wie sie bestehen, bezw. neu geordnet sind, zu beurtheilen." Erk. des O. V. G. vom 2. März 1878 (Entsch. III. S. 318).

6. Sobald die Anlage einer Kolonie nach Maßgabe des eingereichten Plans in formell rechtsgültiger Weise genehmigt worden ist, bedarf es nicht mehr der Ertheilung einer besonderen Ansiedelungsgenehmigung für die einzelnen Kolonisten.

7. Ist die Anlegung einer Kolonie außerhalb einer im Zusammenhange gebauten Ortschaft in der irrigen Annahme, daß es sich um eine Einzelansiedelung handle, von der Ortspolizeibehörde anstatt vom Kreisausschuß genehmigt worden, so kann die Ortspolizeibehörde fordern, daß die Genehmigung des zuständigen Kreisausschusses nachgebracht oder aber die bereits erbauten Wohnhäuser als solche, d. h. in ihrer Einrichtung zu Wohnzwecken, beseitigt und nicht bewohnt worden. „Es kann die Frage, inwieweit die Ertheilung der Ansiedelungsgenehmigung dem Ansiedler unwiderrufliche Rechte überhaupt giebt, und welchen Einfluß der Umstand, daß sie sich gegebenen Falls auf Grund

einer nach Verhandlung zwischen Parteien ergangenen Entscheidung der Verwaltungsbehörde vollzieht, auf ihre Rechtswirkungen hat, hier unerörtert bleiben, da es jedenfalls keinem Zweifel unterliegen kann, daß auch ein mit einer solchen Entscheidung verbundener bezw. ihr folgender Verwaltungsakt (§§. 14—17 des Gesetzes vom 25. August 1876) rechtlich unwirksam oder anfechtbar ist, sofern er von einer sachlich unzuständigen Behörde ausgeht ... Und wenn nun eine baupolizeiliche Genehmigung auf Grund eines rechtlich unwirksamen Verwaltungsakts ertheilt worden und der Bau ausgeführt ist, so ist die Polizeibehörde, welche den Konsens gegeben hatte, sobald sie ihren Irrthum erkennt, befugt, aus Gründen des öffentlichen Interesses die Beseitigung des vorschriftswidrigen Zustandes zu veranlassen (vgl. Erk. des O. V. G. vom 2. Dezember 1882 im Pr. V. Bl. Jahrgang IV S. 196)." Erk. des O. V. G. vom 19. Februar 1892 (Entsch. XXII S. 381). Vgl. Anm. 2 zu §. 20.

8. Die materielle Entscheidung über die von den Kreisausschüssen im Einspruchsverfahren gefaßten Beschlüsse setzt die Wahrnehmung des öffentlichen Interesses durch einen dazu ernannten, als Partei im Streitverfahren fungirenden Kommissar voraus. „Zunächst entspricht das Verfahren des Vorderrichters insofern nicht dem bestehenden Recht, als derselbe den Beschluß vom 20. März 1880 aufgehoben hat, ohne daß ein Kommissar zur Vertretung des öffentlichen Interesses an dem Verfahren betheiligt gewesen ist. Wie der unterzeichnete Gerichtshof bereits mehrfach ausgesprochen hat (vgl. auch Entsch. Bd. XII. S. 381—382), kann das öffentliche Interesse in einem Streitverfahren wegen Gründung von Kolonien, sofern die Genehmigung dazu von dem Kreisausschusse zu ertheilen ist, nur durch einen, gegenwärtig nach §. 74 Abs. 3 des Landesverwaltungsgesetzes vom 30. Juli 1883 zu ernennenden Kommissar wahrgenommen werden; ohne dies fehlt es an einem Vertreter des öffentlichen Interesses, da der Kreisausschuß seinerseits zur Entscheidung als Richter berufen ist und somit eine Parteirolle nicht übernehmen kann." Erk. des O. V. G. vom 29. Mai 1891 (Entsch. XXI S. 390).

9. In den für Hannover, Schleswig-Holstein und Hessen-

Nassau ergangenen Gesetzen lauten die Bestimmungen über Anlegung von Kolonien folgendermaßen:

„Wer außerhalb einer im Zusammenhange gebauten Ortschaft eine Kolonie anlegen will, hat dazu die Genehmigung des Kreisausschusses, in Stadtkreisen der Ortspolizeibehörde zu beantragen.

Mit dem Antrage ist ein Plan vorzulegen, in welchem, unter Beifügung einer Situationszeichnung, die im öffentlichen Interesse für die Kolonie erforderlichen Anlagen nach Umfang und Art ihrer Ausführung darzulegen sind, die künftige Unterhaltungspflicht für diese Anlagen festzustellen und endlich nachzuweisen ist, daß die nöthigen Mittel zur ordnungsmäßgen Ausführung und daueruden Unterhaltung derselben vorhanden sind.

Soweit zur Herstellung dieser Anlagen die Genehmigung einer Staatsbehörde gesetzlich erforderlich ist, ist gleichzeitig die Ertheilung dieser Genehmigung nachzuweisen".

(Vgl. §. 19 bezw. §. 6 der Gesetze vom 4. Juli 1887, vom 13. Juni 1888 und vom 11. Juni 1890 — Ges.-S. S. 324 bezw. 243 und 173).

„Hinsichtlich der Genehmigung zur Anlegung einer Kolonie finden die Bestimmungen der §§. 15 bis 17 [Schleswig-Holstein 14 bis 16, Hessen-Nassau 2 bis 6] entsprechende Anwendung.

Die Genehmigung ist auch dann zu versagen, wenn der mit dem Antrage vorzulegende Plan nicht den Anforderungen des §. 19 [Hessen-Nassau §. 6] Absatz 2 und 3 entspricht. Zur Ausführung und dauernden Unterhaltung der im öffentlichen Interesse für die Kolonie erforderlichen Anlagen ist nach ertheilter Genehmigung die Anwendung des polizeilichen Zwangsverfahrens zulässig.

Gegen den die Ertheilung oder Versagung der Genehmigung betreffenden Bescheid, welcher mit Gründen zu versehen und dem Antragsteller sowie denjenigen, welche Einspruch erhoben haben, zu eröffnen ist, steht Letzteren sowie dem Antragsteller

bei Bescheiden des Kreisausschusses der Antrag auf mündliche Verhandlung im Verwaltungsstreitverfahren,
bei Bescheiden der Ortspolizeibehörde eines Stadtkreises die Klage beim Bezirksausschusse
innerhalb zwei Wochen offen."

(Vgl. §. 20 bezw. §. 7 der Gesetze vom 4. Juli 1887, vom 13. Juni 1888 und vom 11. Juni 1890 (Ges.-S. S. 324 bezw. 243 und 173).

Die Motive zum Gesetze vom 4. Juni 1887. (Stenographische Berichte 1887 H. H. Aktenstücke Nr. 40) bemerken hierzu:

„Das Erforderniß der vorherigen Einreichung eines Gesammtplanes über die Kolonieanlage ist durch daß öffentliche Interesse dringend geboten, um einer Wiederkehr der schweren Schäden, welche bei umfangreicheren Niederlassungen aus den bisherigen ungeregelten Zuständen entsprungen sind, in Zukunft nach Möglichkeit vorzubeugen. Bei der Anlage von Moor- oder Fehnkolonien insbesondere wird dabei von der zuständigen Staatsaufsichtsbehörde vor Ertheilung der landespolizeilichen Genehmigung näher zu prüfen sein, ob und wie weit der Plan in den Rahmen einer systematischen Kolonisation des Gesammtgebietes hineinpaßt, dessen Theil die künftige Kolonie bilden soll, namentlich ob und in welcher Weise Kanal-, Entwässerungs- und Verkehrsanlagen, Wege u. s. w. später zweckmäßig in hinterliegende, unkolonisierte Distrikte fortgeführt werden können.

Daß der Nachweis der nöthigen Mittel zur ordnungsmäßigen Ausführung und dauernden Unterhaltung der für die Kolonie erforderlichen Anlagen verlangt wird, liegt im öffentlichen Interesse und widerspricht den Bestimmungen des Freizügigkeitsgesetzes nicht." (Vgl. Stenographische Berichte 1887 H. H. Aktenstücke Nr. 40 S. 241).

Zu §. 20.

1. „An die Errichtung einer Ansiedelung ohne die vorschriftsmäßige Genehmigung knüpft §. 30 des Gesetzes vom 3. Januar 1845 nur die Folge der Wegschaffung, § 18 des Gesetzes vom 24. Mai 1853 außerdem eine Geldstrafe bis zu 20 Thaler. Die Festsetzung einer Geldstrafe ist zweckmäßig, um der

Anordnung des Gesetzes Nachdruck zu verschaffen. Der in dem Entwurfe gewählte Satz (bis 150 Mark) entspricht dem Strafmaße, welches das Reichsstrafgesetzbuch im § 367 Nr. 15 für das Bauen ohne oder wider den Baukonsens festsetzt. Daneben muß der Polizeibehörde die Befugniß zur Beseitigung der ohne Genehmigung errichteten Anlagen belassen werden." (Motive a. a. O. S. 499).

2. Zur Wegschaffung der errichteten Anlagen wird die Polizeibehörde regelmäßig erst dann schreiten dürfen, wenn dem Unternehmer zuvor die Möglichkeit gegeben worden ist, die Ansiedelungsgenehmigung in der gesetzlich vorgeschriebenen Weise herbeizuführen. Erk. des O. V. G. vom 2. Dezember 1882 (Pr. V. Bl. Jahrgang IV. S. 196). Vgl. Erk. d. O. V. G. vom 19. Februar 1892 (Entsch. XXII S. 381): „Dieselbe [die angefochtene Verfügung] stellt die Klägerin vor die Alternative, entweder binnen 2 Monaten die Genehmigung des Kreisausschusses zur Anlegung der Kolonie beizubringen oder die errichtete Anlage wegzuräumen. Die Innehaltung der so für die Beibringung der Genehmigung der Klägerin gestellten Frist steht nicht in deren Macht. Worauf es nur ankommen kann, ist dies, daß die Klägerin die Genehmigung binnen jener Frist nachsucht, und daß, wenn dies nicht oder wenn es resultatlos geschieht, die Kolonie beseitigt, d. h. die Wohnhäuser als solche in ihrer besonderen Einrichtung zu Wohnzwecken beseitigt und nicht bewohnt werden. Ein Mehreres, namentlich den gänzlichen Abbruch der Gebäude zu fordern, ist die Beklagte keinesfalls berechtigt." Vgl. auch Anm. 8 c zu §. 13 S. 76.

3. Wegen der der Ortspolizeibehörde zustehenden Zwangsmittel vgl. §. 132 des Gesetzes über die allgemeine Landesverwaltung vom 30. Juli 1883.

Zu §. 21.

Die Stempelfreiheit der Abgabenvertheilungspläne und Ansiedelungsgenehmigungen war bereits nach §. 33 des Gesetzes vom 3. Januar 1845 geltendes Recht.

Zu den §§. 22 und 23.

Die §§. 22 und 23 sind durch den §. 147 des Gesetzes über die Zuständigkeit der Verwaltungs- und Verwaltungsgerichtsbehörden vom 1. August 1883 (Ges.-S. S. 237) außer Kraft gesetzt worden. Derselbe lautet:

„Die §§. 22 und 23 des Gesetzes vom 25. August 1876, betreffend die Vertheilung der öffentlichen Lasten bei Grundstückstheilungen und die Gründnng neuer Ansiedelungen in den Provinzen Preußen, Brandenburg, Pommern, Posen, Schlesien, Sachsen und Westfalen (Ges.-S. S. 405) treten außer Kraft"

und gilt jetzt auch in den Provinzen Westfalen und Posen (vgl. § 102 Abs. 1 der Kreisordnung für die Provinz Westalen, vom 31. Juli 1886 — Ges.-S. S. 217 — und Gesetz über die allgemeine Landesverwaltung und die Zuständigkeit der Verwaltungs- und Verwaltungsgerichtsbehörden in der Provinz Posen, vom 19. Mai 1889, — Ges.-S. S. 108 —).

Zu §. 24.

1. „Von Beachtung derjenigen polizeilichen Bestimmungen, welche zum Schutze gegen Feuersgefahr oder gegen die Beschädigung der Verkehrsanlagen oder aus sonstigen besonderen Gründen die Errichtung von Gebäuden in der Nähe der Forsten, Eisenbahnen, Chausseen, öffentlichen Gewässer, Ströme, Kanäle, Deiche, Bergwerke, Pulvermagazine, und anderer Anlagen gewissen Beschränkungen unterwerfen, kann derjenige, welcher eine neue Ansiedelung gründen will, nicht ausgenommen sein. Zur Vermeidung von Zweifeln ist die Aufrechterhaltung dieser Vorschriften in §. 24 des Entwurfes ausdrücklich ausgesprochen" (Motive a. a. O. S. 496). Vgl. insbesondere § 47 des Feld- und Forstpolizeigesetzes vom 1. April 1880 (Ges.-S. S. 230), die Reskripte vom 4. Dezember 1847 und 28. Februar 1873, betreffend die Errichtung von Gebäuden und Lagerung von Materialien in der Nähe von Eisenbahnen (M. Bl. 1847 S. 332 und 1873 S. 63), die Kabinets-Ordre vom 5. November 1822 über Bau-

anlagen in der Nähe von Pulvermagazinen (von Kamptz Annalen 1834 S. 1109) und §. 13 der Ausführungsinstruktion.

2. „Werden von dem gegenwärtigen Gesetze nicht berührt.“ Der §. 24 Abs. 2 hält nicht nur die desfalsigen materiellen Bestimmungen aufrecht, sondern „drückt zugleich durch die Worte ‚werden von dem gegenwärtigen Gesetze nicht berührt‘, aus, daß die Handhabung dieser Bestimmungen in bisheriger Weise zu erfolgen hat. Die Frage, ob der Anlage der fraglichen Bahnwärterhäuser wegen der Nähe des Waldes feuer- oder forstpolizeiliche Vorschriften entgegenstehen, bleibt daher auch nach ertheilter Ansiedelungsgenehmigung offen und wird in dem Verfahren wegen Ertheilung der polizeilichen Bauerlaubniß zu erledigen sein.“ Erk. d. O. V. G. vom 25. Juni 1879 (Entsch. V S. 399).

3. Daraus, daß der § 24 Abs. 2 nur bestimmte polizeiliche Vorschriften erwähnt, darf nicht gefolgert werden, daß die Polizeibehörden bei der Genehmigung der Errichtung von Gebäuden, sonstige polizeiliche Rücksichten unbeachtet lassen dürfen.

„Was hier nach einer bestimmten Richtung vom Gesetze speziell vorgesehen ist, muß aber, weil es aus der Natur der Sache folgt, als allgemeiner Grundsatz zur Anwendung gebracht werden. Es mag vielleicht auffallend erscheinen, daß der Gesetzgeber nur gerade der im §. 24 a. a. O. aufgeführten polizeilichen Beschränkungen gedenkt, dagegen das weite Gebiet sonstiger polizeilicher Rücksichten, welche ebensowohl von den Polizeibehörden bei Ertheilung von Baukonsensen wahrzunehmen sind, unberücksichtigt läßt. . . . Jedenfalls ist die Annahme ausgeschlossen, der Gesetzgeber habe die Prüfung des Baukonsenses, welche die Polizeibehörde dem bestehenden Rechte gemäß eintreten lassen muß, bei vorausgegangener Ansiedelungsgenehmigung in der Weise beschränken wollen, daß nur die im §. 24 Absatz 2 einzeln bezeichneten polizeilichen Bestimmungen noch zu beachten seien. Die Versagung des Baukonsenses aus andern Gründen kann keinenfalls blos deshalb unstatthaft sein, weil dem Unternehmer bereits eine Ansiedelungsgenehmigung, deren Gewährung von völlig anderen Voraussetzungen abhängt, zu Theil geworden ist; damit würde eine durch nichts gerechtfertigte gesetzliche Ungleichheit in der Behandlung von Baugesuchen eingeführt sein, je nachdem der Bau außerhalb oder innerhalb einer im Zusammenhange gebauten Ortschaft errichtet werden soll." Erk. des O. V. G. vom 5. Mai 1881 (Entsch. VII S. 318).

4. Aus dem Inhalte der Anmerkungen 1 bis 3 folgt, daß dem Unternehmer unter Umständen trotz der ertheilten Ansiedelungsgenehmigung die Bebauung des Grundstücks versagt werden muß; vgl. die Anm. 3 angezogene Entsch. des O. V. G. und Anm. 8b zu §. 13 S. 75.

Zu §. 25.

Vgl. Anm. 1 zur Ueberschrift des Gesetzes S. 29.

Zu §. 26.

Die Ausführungsinstruktion vom 10. März 1877 ist mit Ausnahme der bedeutungslos gewordenen Schluß- und Uebergangsbestimmungen nachstehend als Anhang abgedruckt.

Anhang.

A. Instruction zur Ausführung des Gesetzes, betreffend die Vertheilung der öffentlichen Lasten bei Grundstückstheilungen und Gründung neuer Ansiedelungen in den Provinzen Preußen, Brandenburg, Pommern, Posen, Schlesien, Sachsen und Westfalen vom 25. August 1876. (M. Bl. 1877 S. 103).

Auf Grund von §. 26 des Gesetzes vom 25. August 1876 (Ges.-Samml. S. 405) bestimmen wir Folgendes:

I. Vertheilung der öffentlichen Lasten bei Grundstückstheilungen.

§. 1. In §. 3 des Gesetzes ist als regelmäßiger Maßstab für die Vertheilung der im §. 2 bezeichneten Lasten die Grund- und Gebäude**steuer** vorgeschrieben.

Demzufolge sind die Grundsteuer-**Reinerträge** beziehungsweise die Gebäudesteuer-**Nutzungswerthe** nicht unmittelbar, sondern die darnach berechneten **Steuer**beträge zum Vertheilungsmaßstab zu nehmen.

Wenn daher das getheilte Grundstück grundsteuerfreie Liegenschaften oder gebäudesteuerfreie Gebäude umfaßt, welche bei der Lastenvertheilung berücksichtigt werden müssen, oder wenn aus den im zweiten Absatze des §. 3 des Gesetzes bezeichneten Gründen eine anderweite Ermittelung des Reinertrages beziehungsweise Nutzungswerthes statt zu finden hat, so ist behufs Herstellung des Vertheilungsmaßstabes nach dem in den Grundsteuerbüchern eingetragenen oder neu zu ermittelnden Reinertrage beziehungsweise nach dem zu ermittelnden Gebäudesteuer-Nutzungswerthe unter Anwendung des bestehenden Steuerprozentsatzes die Steuer zu berechnen, welche zu entrichten sein würde, wenn den Liegenschaften oder Gebäuden die Steuerfreiheit nicht zustände, beziehungsweise wenn der neu ermittelte Reinertrag oder Nutzungswerth auch für die Höhe der Grund- oder Gebäudesteuer maßgebend wäre.

§. 2. Die Fälle des Absatzes 2 im §. 3 des Gesetzes, in welchen der Maßstab der Grund- und Gebäudesteuer für die Lastenvertheilung nicht anwendbar ist, oder von dem Verhältnisse des Ertrags-(Nutzungs)werthes der einzelnen Theilstücke erheblich abweicht und daher deren Ertrags-(Nutzungs)werth behufs der Vertheilung besonders zu ermitteln ist, werden insbesondere vorkommen:

1. in Betreff der Liegenschaften:

a. wenn das getheilte Grundstück unter Zusammenfassung der in demselben vorkommenden Bonitäts-Verschiedenheiten im Wege der Kompensation einheitlich eingeschätzt ist (§. 39 der Anweisung vom 21. Mai 1861. Ges.-Samml. S. 257) und die Sonderung der auf die einzelnen Theilstücke entfallenden verschiedenen Bonitätsklassen auch behufs der Grundsteuerfortschreibung (§. 35 des Gesetzes vom 8. Februar 1867 der Ges.-Samml. S. 185) nicht stattfindet, oder

b. wenn der Kultur-Zustand einzelner Theilstücke, in welche das Grundstück zerlegt ist, seit der Grundsteuer-Einschätzung wesentlich verändert worden ist;

2. in Betreff der Gebäude:

a. wenn dieselben zur Gebäudesteuer nicht veranlagt sind, oder

b. wenn die zu vertheilenden Abgaben nicht nur auf dem Gebäude selbst, sondern auch auf einem der Gebäudesteuer nicht unterworfenen Zubehör, z. B. der Wasserkraft einer Mühle, ruht, oder

c. wenn die Beschaffenheit der Gebäude sich seit ihrer Veranlagung zur Gebäudesteuer erheblich verschlechtert hat, oder

d. wenn von ländlichen Gebäuden, deren Nutzungswerth gemäß §. 7 des Gebäudesteuer-Gesetzes vom 21. Mai 1861

(Ges.-Samml. S. 317) mit Rücksicht auf den wirthschaftlichen Reinertrag der dazu gehörigen Besitzungen bemessen worden ist, die letzteren ganz oder zum größten Theil abgezweigt worden sind.

§. 3. Bei der besonderen Ermittelung des Ertrags-(Nutzungs) werthes (§§. 1 und 2) sind die für die Grund- und Gebäudesteuer bestehenden Vorschriften zum Anhalt zu nehmen (Schlußsatz im §. 3 des Gesetzes vom 25. August 1876).

Die diesfälligen Vorschriften sind insbesondere enthalten:

a. in den §§. 3 bis 7 und 39 der Anweisung vom 21. Mai 1861 für das Verfahren bei Ermittelung des Reinertrages der Liegenschaften, behufs anderweiter Regelung der Grundsteuer (G.-S. S. 257),

b. in den „Allgemeinen Grundsätzen bei Abschätzung des Reinertrages der Liegenschaften“ vom 21. Mai 1861 (Ges.-Samml. S. 312),

c. im §. 35 des Gesetzes vom 8. Februar 1867, betreffend die definitive Unterverteilung und Erhebung der Grundsteuer in den 6 östlichen Provinzen des Staates rc. (Ges. Samml. S. 185),

d. in den §§. 4 bis 8 des Gesetzes vom 21. Mai 1861, betreffend die Einführung einer allgemeinen Gebäudesteuer (Ges.-Samml. S. 317),

e. in den zu den vorgedachten Gesetzesbestimmungen ergangenen Ausführungs-Anweisungen.

§. 4. Die nach den Vorschriften unter Nr. 7 und 8 im §. 3 des Gebäudesteuer-Gesetzes vom 21. Mai 1861 (Ges. Samml. S. 317) von der Gebäudesteuer befreiten Gebäude und zwar:

a. diejenigen unbewohnten Gebäude, welche nur zum Betriebe der Landwirthschaft, z. B. zur Unterbringung des Wirthschaftsviehes, der Wirthschafts-Geräthe, der Bodenerzeugnisse u. s. w. bestimmt sind, nicht minder

b. solche zu gewerblichen Anlagen gehörigen Gebäude, welche zur Aufbewahrung von Brennmaterialien und Rohstoffen, sowie als Stallung für das lediglich zum Gewerbebetriebe bestimmte Zugvieh dienen, endlich

c. die zu Entwässerungs- und Bewässerungsanlagen dienenden unbewohnten Gebäude

werden in der Regel auch bei der Vertheilung der im §. 2 des Gesetzes vom 25. August 1876 bezeichneten Lasten nicht berücksichtigt.

§. 5. Wenn wegen eingetretener erheblicher Verminderung des Grundsteuer-Reinertrages der Liegenschaften oder des Gebäudesteuer-Nutzungswerthes der Gebäude (§. 2 Nr. 1 b. und Nr. 2 a. d.) der volle Betrag der Grund- beziehungsweise Gebäudesteuer sich zum Maßstabe für die Abgabenvertheilung nicht eignet, so kann die Grund- beziehungsweise Gebäudesteuer mit nur einer Quote in Ansatz gebracht werden.

§. 6. Die zur Vertheilung der Renten erforderlichen Werthsermittelungen (§. 3 des Gesetzes v. 25. August 1876) hat der Kataster-Kontroleur, nöthigenfalls unter Zuziehung von Sachverständigen, vorzunehmen.

Der Vertheilung der übrigen im §. 2 a. a. O. bezeichneten Abgaben und Leistungen sind in der Regel die für die Rentenvertheilung ermittelten Ertrags-(Nutzungs)werthe zum Grunde zu legen.

Wenn dies, weil Renten nicht zur Vertheilung gekommen, oder aus anderen Gründen nicht angänglich ist, so liegt die erforderliche besondere Werthsermittelung den nach §. 7 mit der Vertheilung betrauten Organen ob. Auf Antrag derselben hat dabei der Kataster-Kontroleur gegen den Empfang der tarifmäßigen Gebühren beziehungsweise Tagegelder und Reisekosten Hülfe zu leisten.

§. 7. Bei der Vertheilung von Naturalabgaben ist die Zersplitterung in unmeßbare Bruchtheile nach Möglichkeit dadurch zu vermeiden, daß nicht jedem Trennstück von jeder Leistung ein Theil, sondern dem einen Trennstück die eine, dem anderen die andere Abgabe auferlegt wird. (Motive zu dem Gesetze vom 25. August 1876, Seite 29 in Nr. 47, der Drucksachen des Hauses der Abgeordneten, 1876).

Eine solche Ausgleichung wird jedoch nur insoweit ausführbar sein, als die betreffenden Abgaben gemäß den §§. 2 und 7 des Gesetzes in einem und demselben Verfahren zu ertheilen sind.

§. 8. In denjenigen Fällen, in welchen die Lasten nur auf einzelnen Theilen des zerstückelten Grundstücks ruhen, ist der Reinertrag für diese Theile besonders zu ermitteln, falls derselbe sich nicht schon unmittelbar aus den Grundsteuer-Mutterrollen ergiebt.

Im Anschluß hieran ist die Lastenvertheilung nach den Grundsätzen der §§. 1 bis 7 dieser Instruktion weiter zu bewirken.

§. 9. Bei der Rentenvertheilung (§§. 4 bis 6 des Gesetzes) ist im Uebrigen nach der beigefügten Spezialanweisung zu verfahren.

§. 10. Behufs Vertheilung der aus dem Kirchen-, Pfarr-Schul- und Gemeindeverbande entspringenden Lasten (§. 7 des Gesetzes) hat gemäß §. 8 daselbst der Landrath, in Stadtkreisen der Gemeindevorstand jedem der zur Vertheilung berufenen Organe eine Abschrift des bestätigten Rentenvertheilungsplans, oder, wenn solcher nicht aufzustellen war, einen Auszug aus den Grundsteuerfortschreibungs-Protokollen nebst den erforderlichen Angaben hinsichtlich der Gebäudesteuer mitzutheilen. Der Landrath (Gemeindevorstand) erhält diese Unterlagen von dem Kataster-Kontroleur, welcher deren Uebersendung nur zu unterlassen hat, wenn es nach §. 10 des Gesetzes der förmlichen Abgaben-Vertheilung nicht bedarf. Ob die Voraussetzungen des §. 10 a. a. O. vorliegen, wird der Kataster-Kontroleur der Regel nach nur in dem Falle unter a. (Zertheilung städtischer Grundstücke) zu beurtheilen in der Lage sein. Es hat daher der Landrath (Gemeindevorstand) nach Empfang der Unterlagen jedesmal noch seinerseits zu prüfen, ob einer der Fälle des §. 10 vorliegt.

Der Fall unter b., daß Leistungen von dem Besitzer eines jeden Grundstücks ohne Rücksicht auf dessen Beschaffenheit oder Größe aufzubringen sind, kommt nicht häufig vor.

Um so wichtiger ist die Bestimmung unter c., welche alle nach dem Verhältniß der Staatssteuern zu vertheilenden Leistungen von dem förmlichen Vertheilungs-Verfahren ausnimmt. Zufolge dieser Bestimmung bedarf es in denjenigen Kirchen-, Pfarr-, Schul- und Gemeindeverbänden, in welchen sämmtliche in Betracht kommenden Lasten nach dem Staatssteuerfuß aufgebracht werden, des Verfahrens nach dem vorliegenden Gesetz überhaupt nicht. Die Landräthe (Gemeindevorstände) haben festzustellen, in welchen Verbänden dies der Fall ist, das Resultat in eine Nachweisung aufzunehmen und diese bei der Gegenwart zu erhalten. Nur den in die Nachweisung nicht aufgenommenen Verbänden ist die Vertheilung nach §§. 7 ff. des Gesetzes zu veranlassen.

Ob gemäß der Bestimmung unter d. von der wechselseitigen Lastenübertragung auf vertauschte Grundstückstheile Gebrauch gemacht wird, hängt von dem Einverständniß der Theilstücksbesitzer und der Abgaben=Berechtigten ab. Wenn ein zur Anwendung jener Bestimmung geeigneter Tausch vorliegt, sind die Vertheilungsorgane auf dieselben bei Zustellung der Unterlagen aufmerksam zu machen.

§. 11. Nur diejenigen aus dem Kirchen=, Pfarr=, Schul= und Gemeindeverbande entspringenden Lasten, welche auf dem Grundbesitz haften oder mit Rücksicht auf Grundbesitz zu entrichten sind, unterliegen den Vorschriften des Gesetzes. Alle persönlichen Abgaben und Leistungen bleiben von dem Vertheilungsverfahren ausgeschlossen. Zu der letzteren Kategorie gehören die meisten Kirchenbaulasten, welche eine in jedem einzelnen Baufalle besonders umzulegende persönliche Last der Eingepfarrten zu bilden pflegen. Schulabgaben dinglicher Natur kommen nur vereinzelt vor, da sowohl die Kosten der Schulunterhaltung als der Bauten fast überall entweder von den Hausvätern oder von der politischen Gemeinde zu tragen sind.

Bezüglich der ländlichen Gemeindeabgaben ist die Bezugnahme des Gesetzes auf die Vorschriften in den §§. 11—13 des Landgemeindegesetzes vom 14. April 1856 zu beachten, wonach eine Abänderung oder Ergänzung der Ortsverfassung in Ansehung des Maßstabes der Vertheilung der Gemeindeabgaben oder Dienste, auch wenn die Abänderung in Folge der Zertheilung von Grundstücken nöthig wird, in dem dort näher geregelten (durch §. 42 des Gesetzes vom 26. Juli 1876, betreffend die Zuständigkeit der Verwaltungsbehörden ꝛc. modifizirten) Verfahren herbeizuführen sind.

Dem vorstehend Bemerkten entsprechend sind die Vertheilungsbehörden auf die Grenzen ihrer Thätigkeit hinzuweisen.

§. 12. Zum Anhalt für das Vertheilungsgeschäft sind den im §. 7 des Gesetzes bezeichneten Behörden Musterformulare mitzutheilen.

Ein hier entworfenes Formular (Anl. a) zur Vertheilung von Kirchen- und Pfarrabgaben liegt bei. Dasselbe setzt die vorherige Vertheilung von Renten voraus. Wo solche nicht stattgefunden hat, werden an Stelle der Rentenbeträge (Spalte 4) die Grund- und Gebäudesteuer-Beträge und deren Summen oder, wo besondere Werthsermittelungen erforderlich sind, die Resultate derselben anzugeben sein.

§. 13. Nach §. 9 des Gesetzes ist die Vertheilung den Betheiligten und, wenn Patronatslasten zur Vertheilung kommen, auch der Patronats-Aufsichtsbehörde bekannt zu machen. Die Bekanntmachung kann entweder zu Protokoll oder durch Zustellung einer Ausfertigung des Vertheilungsplanes an jeden Betheiligten gegen Empfangsbescheinigung geschehen. Die Bekanntmachung hat mit der Eröffnung zu erfolgen, daß innerhalb 21 Tagen [jetzt 2 Wochen] nach der ersteren den Betheiligten und der Patronats-Aufsichtsbehörde die Klage im Verwaltungsstreitverfahren, welche bei dem Kreisausschuß (Landrath) in Stadtkreisen bei dem Bezirksverwaltungsgerichte (Regierung) anzubringen, offenstehe, widrigenfalls die Vertheilung vollstreckbar werde. Von mehreren Miteigenthümern hat nur Einer auf eine Ausfertigung des Vertheilungsplanes Anspruch.

Die Patronats-Aufsichtsbehörde empfängt auch im Fall der Publizirung zu Protokoll eine Ausfertigung. Auch den übrigen Betheiligten sind auf Verlangen Abschriften des publizirten Plans zu ertheilen.

II. Gründung neuer Ansiedelungen.

§. 14. Die Genehmigung und Versagung neuer Ansiedelungen, welche bisher in den Kreisordnungs-Provinzen dem Kreisausschuß und in den Provinzen Posen und Westfalen dem Landrath (Magistrat) zustand, ist durch §. 13 des Gesetzes vom 25. August 1876, soweit es sich nicht um die Anlegung einer

Kolonie handelt (§§. 18, 19), überall der Ortspolizeibehörde übertragen, deren Verfahren die §§. 14 bis 17 im Einzelnen regeln.

Wie der Zusammenhang der §§. 13 und 17 ergiebt, bedarf es der Ansiedelungsgenehmigung durch die Ortspolizeibehörde auch dann, wenn Einsprüche im Verwaltungsstreitverfahren zurückgewiesen sind. Das rechtskräftige Urtheil des Verwaltungsgerichts ersetzt nicht die im §. 13 unbedingt vorgeschriebene, polizeiliche Genehmigung, sondern bildet nur die Grundlage für dieselbe.

§. 15. Diejenigen Bestimmungen der bestehenden Forstordnungen, Provinzial-Gesetze 2c., welche die Errichtung von Gebäuden in der Nähe von Forsten Beschränkungen unterwerfen, bleiben nach §. 24, Absatz 2 des Gesetzes unberührt. Mit Rücksicht hierauf ist, wenn ein Gebäude in einer geringeren als derjenigen Entfernung von einer Forstgrenze errichtet werden soll, welche die gedachten Bestimmungen als die geringste vorschreiben, innerhalb deren Gebäude überhaupt errichtet werden dürfen, die in §. 16 des Gesetzes vorgeschriebene Benachrichtigung stets auch an den Vorsteher desjenigen Gemeinde-(Guts-)Bezirks zu richten welchem der betreffende Forst angehört, gleichviel ob das zu besiedelnde Grundstück mit dem Forst beziehungsweise dem Gemeinde-(Guts)bezirke grenzt oder von demselben durch dazwischen liegende Grundstücke dritter Eigenthümer getrennt wird.

In gleicher Weise ist, wenn einer beabsichtigten Ansiedelung diejenigen Bestimmungen entgegenstehen, welche die Errichtung von Gebäuden in der Nähe von Eisenbahnen und der im §. 24, Absatz 2, sonst genannten Anlagen 2c. beschränken, die im §. 16 vorgeschriebene Benachrichtigung stets auch an den Vorsteher desjenigen Gemeinde-(Guts)bezirkes zu richten, in welchem die betreffende Eisenbahnstrecke 2c. belegen ist.

§. 16. Bei Eröffnung des die Ansiedelungsgenehmigung versagenden oder Einsprüche zurückweisenden Vorbescheides (§. 17) sind die Betheiligten gemäß §. 29 des Gesetzes vom 26. Juli 1876, betreffend die Zuständigkeit der Verwaltungsbehörden 2c. (Ges. Samml. S. 297) über das ihnen zustehende Rechtsmittel, die

Frist zur Einlegung desselben und die Folgen der Versäumniß zu belehren. Dies ist auch in den Provinzen Posen und Westfalen zu beachten.

III. Schluß- und Uebergangsbestimmungen.

Vgl. die Anm. zu §. 26.

Berlin, den 10. März 1877.

Der Finanz-Minister. Der Minister des Innern. Der Minister für die landwirthschaftlichen Angelegenheiten. Der Minister der geistlichen Angelegenheiten.

B. Plan

zur Vertheilung der von dem zufolge Auffassung vom .... getheilten Grundstück Nr. . . . des Grundbuchs zu . . . . an die Kirche und Pfarre in . . . . . zu entrichtenden Abgaben.

Bemerkungen.

1. Nur Abgaben und Leistungen, welche auf dem getheilten Grundstücke selbst haften oder mit Rücksicht auf dessen Besitz zu entrichten sind (dingliche Lasten) werden in den Vertheilungsplan aufgenommen.

2. Die Ausfüllung der Spalten 1 bis 4 geschieht auf Grund des bestätigten Rentenvertheilungsplans.

3. Die auf dem Hauptgrundstück haftenden dinglichen Lasten sind in die Spalten 5 bis 10 unter a einzutragen; die Vertheilung auf die Trennstücke, einschließlich des Restgrundstücks, erfolgt in denselben Spalten unter b., falls nicht §. 2 Absatz 2 des Gesetzes vom 25. August 1876 zur Anwendung kommt, ist die Vertheilung nach demselben Verhältniß ie die Vertheilung der Rente (Spalte 4) zu bewirken.

Name, Vorname, Stand und Wohnort der Eigenthümer.	Nr. des Grundbuchs.	Flächeninhalt. Hekt. Ar. Qu.-M.	Renten-Bank-(Domänen-) Rente, nach dem Rentenvertheilungs-Plan vom ... ℳ ₰	Dingliche Abgaben an die Kirche.			Dingliche Abgaben an den Pfarrer und an den Organisten.			Bemerkungen.
				Baare Geld- und Natural-Beiträge.	Spanndienste.	Handdienste.	Baare Geld- und Natural-Beiträge.	Spanndienste.	Handdienste.	
1.	2.	3.	4.	5.	6.	7.	8.	9.	10.	11.
a. des getheilten Hauptgrundstücks.										
b. der durch die Theilung entstandenen Trennstücke.										

Vorstehender Vertheilungsplan wird auf Grund des Gesetzes vom 25. August 1876 festgestellt.

(L. S.) , den

Der Gemeinde-Kirchenrath (Kirchen-Vorstand.)

(Unterschriften.)

Sachregister.

A.

B.

D.

E.

F.

Lippert & Co. (G. Pätz'sche Buchdr.), Naumburg a/S.